SARDINIEN

Christoph Berg

Herausgegeben von
Sylva Harasim und Martin Schempp
in Zusammenarbeit mit RUKKA

Die Motorradreisebücher im HIGHLIGHTSVERLAG

Inhalt

Costa Smeralda und die Gallura

An einem der schönsten Küstenabschnitte Sardiniens warten kurvenreiche Mittelgebirgssträßchen, malerische Sandstrände, einsame Felsbuchten und traumhafte Aussichten.

In der Gallura, dem nordöstlichen Zipfel Sardiniens, begann in den 1960er-Jahren die Erschließung der Insel für den Tourismus. Das gilt insbesondere für die Costa Smeralda. Inzwischen sind die Küsten im Norden mit ihren langen Sandstränden gut erschlossen. Das dünn besiedelte und waldreiche Landesinnere hat sich seinen überwiegend ländlichen Charme bewahrt. Haupterwerbsquelle sind die ausgedehnten Korkeichenwälder rund um das Limbara-Gebirgsmassiv, die Grundlage für 80 Prozent der italienischen Korkproduktion.

Wir starten in **Monti**, unweit der Hauptstraße, die Olbia mit Sassari verbindet. Wir verlassen den Ort nach Norden in Richtung Telti, wo wir links abbiegen nach Calangianus, eines der Korkeichen-Zentren der Insel. An Feldern vorbei erkennen wir links am Horizont die Höhenzüge des mit 1.359 Meter höchsten Berges Nordsardiniens, des Monte Limbara, den wir heute noch erklimmen werden. Die Strecke wird allmählich kurviger und taucht ein in die ersten Korkeichenwälder, erkennbar an den halbhoch geschälten, kräftig rot leuchtenden Stämmen.

In **Calangianus** biegen wir mitten im Ort rechts ab in Richtung Arzachena, eines unserer nächsten Ziele. Die schmale Straße ist in einem guten Zustand und durchstreift weiteres gallurisches Waldland. Am Kreisverkehr nach acht herzhaften Haarnadelkurven haben wir die Möglichkeit zu einem lohnenden Abstecher zu den ältesten Olivenbäumen Sar-

Wer Freude an außergewöhnlicher Architektur hat, sollte sich einen Zwischenstopp in Porto Cervo gönnen.

diniens. An der dritten Ausfahrt führt eine Stichstraße oberhalb des idyllisch gelegenen Stausees Lago di Liscia vorbei und bietet ein herrliches Panorama über den See und die Hügelkette dahinter.

Bis Arzachena verläuft die Strecke in Halbhöhenlage mit weitreichenden Aussichten über die Innere Gallura mit bewirtschafteten Feldern und kleineren Waldparzellen. In **Arzachena** herrscht geschäftiges Treiben. Den Straßenrand säumen gemütliche Cafés und Pizzerien, es gibt Tankstellen und einige Supermärkte. Touristisches Highlight des

Übernachten

*Das Agroturismo **I Graniti** ist ein großzügiges Anwesen mitten im Ort Monti in der Via Nuoro 2. Frühstück und Abendessen fallen reichhaltig aus und sind aus eigenem Anbau. Sehr freundliches Personal, leckere vegetarische Gerichte. Die Zimmer sind hell und sauber. Motorräder parken im geschützten Hof. Geöffnet von April bis Oktober, DZ (incl. Frühstück) 100 bis 120 Euro; Tel.: 328-712 4469, E-Mail: igranitimonti@gmail.com, www.igraniti.com.*

Rund um den Alten Hafen findet man im mondänden Ferienort Porto Cervo noch viele auf alt getrimmte Gebäude.

Ortes ist der ausgeschilderte Fungo di Arzachena, ein riesiger durch natürliche Tafoni-Bildung ausgehöhlter Granitklotz, der aussieht wie ein Pilz und besichtigt werden kann. Wir wollen endlich Meer sehen und suchen uns deshalb den kürzesten Weg zur Costa Smeralda bei Portisco. Wir umfahren den mächtigen Granitklotz der Punta Cugnana und blicken schließlich auf die ersten Jachten, die im Hafen von **Portisco** in der Sonne plätschern. Die Costa Smeralda ist erreicht, was uns kurze Zeit später auch ein entsprechend markierter Granitfels am Wegrand offiziell bestätigt.

Nach wenigen Kilometern durch unbebaute Macchia bietet ein Parkplatz mit Kiosk einen Blick auf die Bucht Cala di Volpe und eines der berühmtesten Aga-Khan-Hotels, das Capriccioli, mit dem gleichnamigen Traumstrand, an dem Roger Moore 1976 im James-Bond-Film „Der Spion, der mich liebte“ mit seinem tauchfähigen Lotus Esprit an

In Portisco an der Costa Smeralda plätschern die Jachten der Schönen und Reichen in der Sonne.

Land fuhr. Wer Freude an außergewöhnlicher Architektur und High-Society-Feeling hat, sollte sich einen Stopp in **Porto Cervo** gönnen. In einem Café am Alten Hafen oder vor den gut bestückten Mode- und Schmuck-Boutiquen.

Hinter dem Designer-Ort wird es wieder ruhiger. Wir umkurven den fjordartigen Golf von Arzachena und folgen den Beschilderungen nach Cannigione. Die Straße führt teilweise direkt am Meer entlang und vorbei an einigen beliebten Sandstränden.

Palau bietet die Möglichkeit, mit der Fähre zur Insel La Maddalena überzusetzen, dem Überbleibsel einer ehemaligen Landbrücke nach Korsika. Direkt oberhalb des Fährhafens steht das empfehlenswerte Restaurant Il Pirata. Hinter Palau wird das Gelände flacher, die geraden Streckenabschnitte durch das küstennahe Hinterland nehmen zu, und so erreichen wir bald **Santa Teresa**, den nördlichsten Ort Sardiniens. Das hübsche Städtchen lohnt durchaus einen Besuch, am besten von der zentralen Piaz-

Tipp

Olivastri Millenari – die ältesten Olivenbäume Sardiniens

Oberhalb des Stausees Lago di Liscia stehen in einem geschützten Areal drei beeindruckende Exemplare dieses mediterranen Kultbaumes. Sie sind zwischen 500 und 4.000 Jahre alt (bei einer durchschnittlichen Lebenserwartung von 300 – 600 Jahren). Der Durchmesser beträgt über 20 m bei einer Stammdicke von 4 m. Die Zufahrt erfolgt westlich um den See herum, danach ausgeschildert.

za Vittorio Emanuele aus. Die gemütlichen Cafés laden zum Verweilen ein, von der Landspitze am spanischen Wachturm hat man einen wunderbaren Blick über die vielen vorgelagerten Inseln bis nach Korsika, das bei klarem Wetter zum Greifen nah erscheint. Von hier aus verkehren mehrmals täglich Fähren von und nach Korsika. Es lohnt sich durchaus, einen Tagesausflug nach Bonifacio, eine der schönsten Städte Frankreichs, in die Tour einzubauen.

Ein weiteres lohnenswertes Ziel liegt direkt westlich von Santa Teresa: das **Capo Testa**. Dorthin führt ein schmales Sträßchen, das an einer Wendeplatte unterhalb des Leuchtturms endet. Zu ihm hinaufsteigen und durch die Felsen am Meer klettern, die wie aus einer anderen Welt erscheinen, mit ihren abenteuerlichen Formen, Aushöhlungen und Rundungen. Ein noch spezielleres Erlebnis hat man 400 Meter vor der Wendeplatte. Direkt an der Straße beginnt ein kurzer Fußweg an einem Gatter in das Valle della Luna, das Tal des Mondes. Dieses wunderschöne Tal endet nicht nur an einem pittoresken Totempfahl, sondern ist auch Rückzugsgebiet einiger Aussteiger, die in den Höhlen Unterschlupf finden. Manchmal kommen sie heraus und stellen sich den neugierigen Blicken und Fragen der Touristen, um etwas Geld dafür zu bekommen.

Die Felsen am Capo Testa sind wie aus einer anderen Welt

Nach so viel Fußarbeit ist es wieder an der Zeit, Strecke zu machen. Dazu bietet die breit ausgebaute Küstenstraße bis zur Costa Paradiso alle Möglichkeiten. Durch dünn besiedeltes Buschland erlaubt sie eine zügige Gangart und gibt

Traumstrand Li Cossi (links), ausgewaschene Felsen am Capo Testa (rechts).

immer wieder Blicke frei auf die Felsküste, unterbrochen von Strandabschnitten. Bei **Vignola Mare** wartet ein knapp zwei Kilometer breiter Sandstrand auf Besucher. Es gibt Hotels, Restaurants und zwei Campingplätze direkt am Strand. Einer der schönsten Strände überhaupt liegt jedoch etwas versteckt an der Costa Paradiso. Der Abzweig führt zu einer Ferienhaussiedlung, deren Schranke in der Regel offen steht. Dann halblinks halten und bis runter ans Meer fahren zum Parkplatz am Ende der Straße. Ein wenige hundert Meter langer Pfad führt direkt an der Küste entlang bis zum Traumstrand Li Cossi.

Unsere Tour bringt uns weiter bis zur Isola Rossa. Dort verlassen wir die Küste und biegen links ab nach **Trinita d'Agultu e Vignola**. Der Ort klebt förmlich am Hang vor und über uns. Direkt an der Durchgangsstraße ist das Restaurant Il Sagittario sehr empfehlenswert.

Nach den langen, flachen Abschnitten an der Küste wird die Strecke nun anspruchsvoller und kurviger. Der Straßenbelag erlaubt weiterhin eine zügige Gangart. Durch menschenleere Gegend genießen wir die freie Bahn mit Blicken über die Innere Gallura bis hinunter zum Meer. Durch das Valle della Luna führt uns der weitere Straßenverlauf in Richtung **Aggius**. Das herausgeputzte Dorf liegt grandios unterhalb des Hausberges Monte Sozza, um den eine Panoramastraße durch eindrucksvolle Felslandschaft herumführt. Am Ortseingang liegt rechts der hübsch angelegte Parco della Segna mit kleinen Tümpeln und jeder Menge Schildkröten, die sich auf den Felsen sonnen. Bis **Tempio Pausania**, dem Hauptort der Gallura und Zentrum

Auch kulinarisch lohnt sich ein Bummel zu Fuß durch das hübsche Santa Teresa.

der Korkindustrie, ist es nun nicht mehr weit. Im städtischen Tempio herrscht reger Verkehr. Besonders idyllisch und vor allem im Hochsommer sehr angenehm ist der Parco Fonte Nuova, ein Park un-

Tipp

Die Millionen des Prinzen

Bis zum Beginn der 60er-Jahre war die Costa Smeralda mehr oder weniger wertloses und kaum besiedeltes Weideland. Auf der Suche nach Geldanlagemöglichkeiten wurde der milliardenschwere arabische Prinz Karim Aga Khan IV. an diesem Küstenabschnitt 1963 fündig. Er kaufte den Hirten den Küstenabschnitt für einen Spottpreis ab und errichtete ein Ferienressort für Superreiche. Der heutige Hauptort Porto Cervo entstand aus der Retorte und besticht durch seine eigenwillige Architektur. Er birgt alle Annehmlichkeiten für einen entspannten Millionärsurlaub.

ter dichten Bäumen mit einer gefassten Quelle, die mehrere Wasserbecken füllt. Dort gibt es Cafés und Restaurants.

Uns zieht es hoch zum Hausberg Tempios, den Monte Limbara. Es folgt der schönste Streckenabschnitt der Tour. Kurvenreich geht die Fahrt durch nach frischem Harz duftenden Pinienwald bis zum Abzweig nach links. In engen Kurven schraubt sich die Straße steil nach oben bis zur Baumgrenze. Oben angekommen wartet freie Sicht auf die gesamte Nord- und Ostküste. Korsika türmt sich wie ein Gigant aus dem Meer auf. Bei gutem Wetter reicht der Blick bis zu den schneebedeckten Gipfeln des Cinto-Massivs auf fast 3.000 Metern. Absolut traumhaft und unvergleichlich! Zurück fährt man entweder auf dem gleichen Weg oder auf einer Erdpiste, die zunächst asphaltiert vom Restaurant La Baita Limbara in **Vallicciola** auf halber Strecke links abzweigt.

Der Wald wird nun lichter, nach einer Linkskurve eröffnet sich uns der Blick auf den ruhig daliegenden Stausee Lago del Coghinas, der sich in mehrere Täler verästelt. Wir wedeln auf der Ideallinie bis zur wegen Sanierung gesperrten Ponte Diana und biegen davor links ab. Zwischen Weinreben hindurch und an Feldern vorbei erreichen wir über Berchidda die SS 597, die Hauptverbindungsstrecke zwischen Olbia und Sassari, die uns zu unserem Ausgangspunkt zurückbringt.

Übernachten

*Das **Pausania Inn** am nordwestlichen Ortsausgang von Tempio direkt an der SS 133 ist auf Biker eingestellt und wird deshalb auch gerne von Gruppen gebucht. Neben einem Pool gibt es überdachte Parkplätze, saubere Zimmer und ein reichhaltiges Frühstück. Gutes Restaurant, ganzjährig geöffnet, DZ (incl. Frühstück) 102 bis 138 Euro; Tel.: 0796-34037, E-Mail: info@hotelpausania-inn.com, www.hotelpausaniainn.com.*

Kurz-Check

***Streckenlänge:** ca. 340 km.*

***Charakter:** einfach; das Straßennetz ist gut ausgebaut. Längere flache Abschnitte wechseln sich mit kurvenreichen Mittelgebirgsstrecken ab.*

***Highlight:** Die 10 km lange Bergstrecke zum Monte Limbara bietet eine wahre Kurvenorgie und am Ziel ein fantastisches Panorama über die Nordküste bis nach Korsika.*

***Einkehr-Tipp:** Das Il Pirata in der Via Palau Vecchia 2 in Palau bietet gehobene italienische Kochkunst, aber auch Pizza und Pasta. Der geschmackvoll eingerichtete Rundbau steht direkt am Meer. (Reservierung empfohlen: Tel.: 339 330 1359).*

***Absolutes Muss:** Im architektonisch komplett durchgestylten Porto Cervo, dem Hauptort der Costa Smeralda, im Café du Port einen Cappuccino genießen und dabei die ein- und auslaufenden Jachten der Reichen und Schönen bestaunen.*

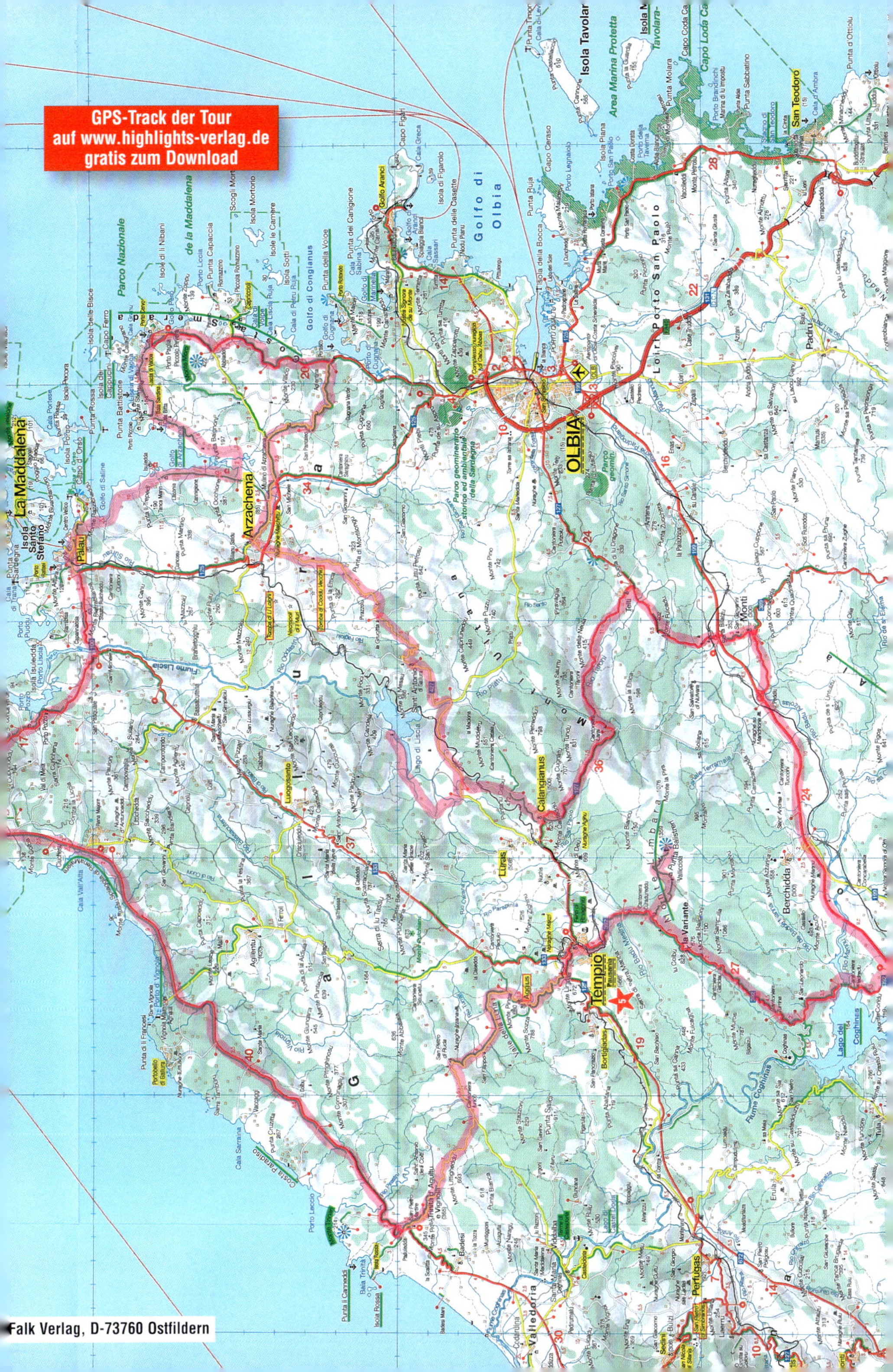
GPS-Track der Tour
auf www.highlights-verlag.de
gratis zum Download
La Maddalena
Isola Santo Stefano
Palau
Arzachena
Golfo Aranci
Golfo di Olbia
Olbia
Isola Tavolara
Area Marina Protetta
San Teodoro
Porto San Paolo
Padru
Monti
Parco Nazionale de la Maddalena
Lago di Liscia
Calangianus
Luogosanto
Luras
Tempio Pausania
Aggius
Berchidda
Lago del Coghinas
Fiume Coghinas
Aglientu
Trinità d'Agultu e Vignola
Badesi
Valledoria
Perfugas
Bortigiadas
Capo d'Orso
Golfo di Cugnana
Golfo di Congianus
Costa Paradiso
Isola Rossa
Falk Verlag, D-73760 Ostfildern

Sassari und der Logudoro

Verkehrsarme Landstraßen, gemütliche Kleinstädte und in luftiger Höhe stehende Bergdörfer prägen den Charakter dieser fahrerisch ausgewogenen Tagestour.

Das quirlige Sassari ist städtisches und kulturelles Zentrum im Norden Sardiniens und liegt auf einem Hochplateau. Im Kontrast dazu führt ein einsamer Geländeabbruch im Süden in das fruchtbare Acker- und Weideland des Logudoro, das vom Meilogu-Gebirgszug und der Marghine-Goceano-Gebirgskette begrenzt wird.

Unsere Tour beginnt bei **Valledoria** an der Nordküste. Hier mündet der Fiume Coghinas, den wir bereits vom Lago del Coghinas-Stausee kennen, ins Meer. Im Mündungsbereich hat er dabei eine kleine Lagune geschaffen, die vor allem bei Kite-Surfern sehr beliebt ist. Wir wollen jedoch die Landschaft erkunden und machen uns auf in Richtung Castelsardo, einem der spektakulärsten Festungsorte der Insel. Vorher gibt es jedoch noch einen kleinen Abstecher zum ausgeschilderten Rocca dell'Elefante. Auch wer keine Italienischkenntnisse besitzt ahnt, um was für ein Tier es sich dabei handelt. Es steht völlig unspektakulär am Straßenrand der SS 134 und ist eine Gesteinsformation in der Gestalt eines Elefanten. Genutzt wurde sie bereits vor 4.000 - 5.000 Jahren als kultische Grabstätte.

Wir wenden uns wieder **Castelsardo** zu und drehen um. Bereits die Anfahrt an der Küste entlang ist spektakulär, kurvenreich und gewährt den Blick auf den 100 Meter steil aus dem Meer aufragenden Felsen, auf dessen Spitze das Kastell thront. Erwartungsgemäß ist der Ort kein Geheimtipp mehr, und so fahren

Der Rocca dell'Elefante bei Valledoria ist eine 4.000 bis 5.000 Jahre alte Gesteinsformation.

wir an den Hotels und Restaurants vorbei gleich hoch auf den Burgberg. Oben erwartet uns eine pittoreske Altstadt, wo ältere Frauen mit geschickten Händen ihre Flechtkünste vorführen und natürlich auch ihre Produkte verkaufen wollen. Der kostenpflichtige Besuch des Kastells aus dem 12. Jahrhundert lohnt sich alleine schon wegen der Rundumsicht.

Am Abzweig nach Porto Torres halten wir uns links und folgen weiter der SS 200. Die Macchia geht zunehmend in Kulturland über, die Region ist bekannt für ihren Olivenanbau. Über Sorso und Sennori erreichen wir **Sassari**. Das 100.000 Einwohner zählende Sassari ist nach Cagliari die größte Stadt Sardiniens. Der Verkehr ist dicht, und die vielen Einbahnstraßen nerven. Dennoch lohnt ein Besuch, insbesondere der Altstadt. Wir schlagen uns durch bis zur ausgeschilderten großzügigen Piazza d'Italia mit ihren prachtvollen Gebäuden und parken an der angrenzenden mit Palmen bepflanzten Piazza Castello. Von da ist es nicht weit in die sehenswerte Altstadt mit ihren engen Gässchen und zahllosen Geschäften.

Das mittelalterliche Kastell von Castelsardo thront 100 Meter über dem Meer.

Übernachten

*Das Hotel **La Tartaruga Bianca** in der Via Colombo 43 in La Ciaccia bei Valledoria liegt strandnah und bietet große, saubere Zimmer und Motorrad-Abstellplätze im Innenhof, ganzjährig geöffnet, DZ (incl. Frühstück) 60 bis 167 Euro; Tel.: 079 584 074, E-Mail: info@tartarugabianca.it, www.hotel-tartarugabianca-sardegna.it.*

Auf unserer Weiterfahrt nach Süden orientieren wir uns zunächst in Richtung Ittiri und biegen nach der Brücke über den Rio Mascari nach links in Richtung Ossi ab. Allmählich wird der geologische Plateauabbruch auch landschaftlich deutlich. Die Flüsse und Bäche haben sich tief in das Kalkgestein hineingefressen, die Orte Tissi und Ossi thronen aussichtsreich auf den Höhen. In **Ossi** biegen wir an der Tankstelle mitten im Ort nach rechts ab und blicken alsbald aussichtsreich über das Rio-Mannu-Tal. Ein gewaltiger Betonmantel zeugt von den brüchigen Felswänden, die in der Vergangenheit immer wieder zu Straßensperrungen führten.

Es gibt einen alternativen asphaltierten Feldweg oben am Hang entlang und am Restaurant Buena Vista vorbei. Nach zwei Kilometern treffen beide Wege aufeinander.

Weiter geht die Fahrt am Hang entlang durch das herrlich einsame Tal des Rio Mannu. Am Ende der Straße biegen wir rechts ab in Richtung Ittiri und folgen dem Fluss auf der anderen Hangseite. In sanften Schwüngen fahren wir stetig bergauf und wechseln in einer langen Linkskurve in das engere und bewaldete Tal des Rio Minore, einem Nebenfluss des Rio Mannu. Das hübsche Städtchen **Ittiri** liegt hoch auf einem Felsplateau, das wir jedoch rechts liegen lassen, und folgen der SS 131 bis nach Thiesi. Der Asphalt ist perfekt, die Straße führt uns weiter sanft bergauf an Feldern mit losem Baumbestand vorbei auf einen Höhenzug, der uns Weitblicke

Sassari gefällt mit schnuckeligen Gässchen und den beiden prächtigen Plätzen Piazza d'Italia und Piazza Castello.

➤ Tipp

Foresta Pietrificata – der versteinerte Wald

Auf einer weitläufigen Hangwiese liegen verstreut Steinklumpen herum, die aussehen wie alte verwitterte Kanalrohre. Tatsächlich sind es 250 Millionen Jahre alte Bäume, die einst in einem See versanken und unter Luftabschluss schließlich versteinerten. Sogar Jahresringe sind bei einigen Exemplaren erkennbar. Die Wiese ist frei zugänglich. Außerdem gibt es dort noch ein kleines Wäldchen mit Picknickplätzen und eine hölzerne Skulptur, die als Windorgel gedacht ist.

über den gesamten Logudoro erlaubt. Sanft schwingen wir durch die menschenleere Gegend und genießen die traumhafte Strecke und die Aussicht. Bergab kommen wir am flachen Lago Bidighinzu vorbei. Außer einem versteckten Kraftwerk am Fuß der Staumauer und einer Schafranch stört nichts die Idylle. Einige Feldwege führen runter zum See. Wir umfahren ihn südlich und folgen kurz vor dem ebenfalls hoch auf einem Felsplateau gelegenen Thiesi dem Abzweig nach rechts in Richtung Romana.

Wir verlassen jetzt allmählich den Logudoro und erreichen die ersten Hügelketten des Meilogu. Die Strecke wird kurviger und bleibt weiter einsam. Die langen, übersichtlichen Kurven lassen der Gashand freien Lauf. Auf dem Weg gönnen wir uns einen kleinen Abstecher am Hang des Monte Frusciu entlang, indem wir dem kleinen Hinweisschild zur Grotta Maiore folgen. Über das Örtchen **Romana** erreichen wir die SS 292, die uns weiter durch das Meilogu-Gebirge führt. Dazu folgen wir dem Abzweig nach Padria. Es bleibt einsam, und wir

Die übersichtlichen Kurven lassen der Gashand freien Lauf

genießen die Blicke über das weite Tal des Fiume Tenno, der bei **Bosa** ins Meer mündet. Die Straße führt uns an Mara und Padria vorbei, bei **Pozzomaggiore** biegen wir rechts ab in Richtung Macomer. Wir erklimmen einen Bergrücken, von dem wir Weitblicke nach allen Seiten haben. Dann ist **Macomer**, der süd-

Zügig geht es in geschmeidigen Kurven durch das Goceano-Gebirge nach Bono und Bultei.

Beim versteinerten Wald, dem Foresta Pietrificata, handelt es sich um 250 Millionen Jahre alte Bäume.

lichste Punkt unserer Tour erreicht. Die Stadt bildet einen wichtigen Verkehrsknotenpunkt, was sich auf den vollen Straßen zeigt. Dennoch eine gute Gelegenheit zum Tanken und Einkaufen.

Wir verlassen die Stadt östlich in Richtung Bortigali, unterqueren die Autobahn SS 131 und finden uns alsbald im Catena-del-Marghine-Gebirge wieder. Vor **Bortigali** biegen wir links ab und gewinnen auf der schmalen Straße schnell an Höhe. Vorbei an einigen unbeschilderten Abzweigungen halten wir uns immer Richtung Norden und erreichen so ein Hochplateau mit Panorama. Am Ende der asphaltierten Straße biegen wir rechts ab. Die Landschaft wird zunehmend bewaldeter, es geht weiter stetig bergauf. Das schmale Sträßchen ist nicht mehr ganz auf dem neuesten Stand, bleibt aber weiterhin gut befahrbar. Am Abzweig nach Frida biegen wir links ab und kommen in **Foresta di Burgos** vorbei.

Es folgt die Passauffahrt zum über 1.000 Meter hoch gelegenen Passo Ucc' Aidu. Oben angekommen, bietet sich ein fantastischer Blick auf die 700 Meter tiefer gelegenen Bergdörfer Bono und Bultei. Wer Lust auf einen kleinen Erdpistenabstecher hat mit 360-Grad-Sahneblick, kann vor dem Parkplatz auf der rechten Seite durch das Gatter zum Monte Pasu bis auf 1.254 Meter hoch fahren und auf dem Gipfel an der Sendestation einen Rundum-Blick über das Goceano-Gebirge genießen.

Tipp

Agriturismo – Ferien auf dem Bauernhof

In den letzten Jahren immer beliebter werden die Übernachtungen auf Landgütern, die oftmals einen landwirtschaftlichen Betrieb führen und sich mittels Übernachtungs- und Tagesgästen eine zusätzliche Erwerbsquelle schaffen. Merkmale sind oft einfache, aber saubere Unterkünfte außerhalb von Städten oder Dörfern in traumhafter Naturkulisse und manchmal sogar mit Pool. Gebucht wird meist mit Halbpension oder einfach nur zum Abendessen. Die Küche bietet Selbstgemachtes, meist aus eigenem Anbau oder aus eigener Zucht. Es ist die preisgünstigste und authentischste Art, die sardische Küche kennen zu lernen. Die Verständigung ist oft schwierig, weil meist nur italienisch gesprochen wird. Aber Kommunikation funktioniert ja durchaus auch ohne Sprache. Und mit ein bisschen Übung macht das sogar Spaß.

Nun folgt der schönste und spektakulärste Abschnitt der Tour. In engen Kurven und immer mit dem Blick über die Ebene rauschen wir in die Tiefe bis nach **Bono** und **Bultei**, danach geht es lastwechselreich 500 Höhenmeter aufwärts. Dann erreichen wir das Einzugsgebiet des Rio Mannu. Der Wald lichtet sich, die Besiedlung nimmt wieder zu, und bald haben wir **Ozieri** erreicht. Das gepflegte Städtchen wurde zwischen mehreren Hügeln erbaut und gilt als Hauptort des Logudoro. Die Piazza Giuseppe Garibaldi eignet sich gut als Ausgangspunkt für einen Cappuccino in einem der Straßencafés und einen Stadtrundgang.

Kurz-Check

Streckenlänge: *ca. 320 km.*
Charakter: *einfach; die Landschaften wechseln häufig. Der überwiegende Teil führt durch einsame Gegenden mit geringer Besiedlung. Flache, gerade Abschnitte stehen im Kontrast zu herrlichen Passfahrten.*
Highlight: *Die 25 km lange Passfahrt vom Passo Ucc' Aidu über die Dörfer Bono und Bultei besitzt Höhenunterschiede von 1.200 m bei guter Piste und traumhaftem Panorama.*
Einkehr-Tipp: *Das Agriturismo Lu Nibaru in der Via Armando Diaz in Azzagulta südlich von Badesi bietet rustikale sardische Küche mit Fisch-, Fleisch- und vegetarischen Gerichten. Es gibt auch Pasta und leckere Süßspeisen. Terrasse mit Meerblick (Reservierung empfohlen: Tel.: 079-582 836).*
Absolutes Muss: *Die Besichtigung der Burg in Castelsardo bietet einen fantastischen Rundumblick über den Hafen, die Altstadt, über die gesamte Nordküste und das gebirgige Hinterland. Dazu weht immer eine frische Meerbrise.*

Übernachten

*Das Agriturismo **Bonu Suile** in der Località Caramarzos in Silanus bietet geschmackvoll eingerichtete, moderne Zimmer, einen großen Pool und ein hervorragendes Restaurant. Parkplätze im Hof. Geöffnet von April bis Dezember, DZ (incl. Frühstück) 68 bis 110 Euro; Tel.: 346 229 8862, www.agriturismobonusuile.it.*

Wir verlassen Ozieri in nördlicher Richtung zunächst nach **Oschiri** und danach am ersten Verkehrskreisel in Richtung Sassari zur SS 132. Die folgenden 15 Kilometer sind geprägt von langen Geraden durch weites, topfebenes Weide- und Ackerland, wie es für den Logudoro typisch ist. An den bewaldeten Hängen des Monte Sassu ist wieder Kurventechnik gefragt. **Chiaramonti** liegt traumhaft schön auf einem aussichtsreichen Felsplateau, das wir östlich umfahren. Am Ende von Martis weist ein Schild den Weg rechts ab zum Foresta Pietrificata. Über **Sedini** rollen wir schließlich auf einer Umgehungsstraße nach Valledoria zurück.

GPS-Track der Tour
auf www.highlights-verlag.de
gratis zum Download
Castelsardo
Valledoria
Sedini
Perfugas
Laerru
Martis
Chiaramonti
Sorso
Sennori
SASSARI
Osilo
Nulvi
Ossi
Tissi
Usini
Codrongianos
Ploaghe
Ardara
Ittiri
Siligo
Thiesi
Torralba
Bonnanaro
Mores
Ozieri
Monteleone Rocca Doria
Romana
Cossoine
Bonorva
Mara
Padria
Pozzomaggiore
Semestene
Sindia
Macomer
Bortigali
Silanus
Bolotana
Illorai
Burgos
Esporlatu
Bono
Anela
Bultei
Lago del Temo
Lago del Coghinas
Falk Verlag, D-73760 Ostfildern

Von La Nurra bis zur Planargia

Eine der faszinierendsten Küstenstraßen, die hübschesten Städte und die spektakulärste Meerestreppe Sardiniens machen diese Fahrt zu einer Begegnung mit Superlativen.

Alghero gilt als schönste Stadt Sardiniens und liegt an der Grenze zweier völlig unterschiedlicher Landschaften. Im Süden erreichen die Gipfel bis zu 800 Höhenmeter, während der Norden flach und von Landwirtschaft geprägt ist. Der Süden bietet den größeren Fahrspaß, der Norden die spektakuläreren Sehenswürdigkeiten.

Von **Alghero** aus machen wir uns auf in den gebirgigen Süden Richtung Bosa. Die Küstenstraße ist ein echter Leckerbissen und gehört zu den besten Straßen auf Sardinien. Um dem städtischen Verkehr zu entgehen, fahren wir am spanischen Wachturm Torre dello Sperone vorbei direkt am Meer entlang. Bald haben wir die letzten Häuser hinter uns gelassen und freuen uns auf ungehinderten Fahr- und Kurvenspaß entlang der weitgehend unzugänglichen Küste. Auf perfektem Untergrund nehmen wir zügig Fahrt auf. Verkehr findet kaum statt. Nur kurz verlassen wir zeitweilig die Küste und fahren an ausgedehnten Olivenhainen vorbei.

Zurück an der Küste treffen wir auf einen der wenigen Sandstrände, den Spiaggia della Speranza mit Restaurant, Bar und Parkplätzen. Dahinter schraubt sich die Straße schnell wieder hoch bis auf 200 Meter über dem Meer. Wir kommen uns vor wie auf dem California-Highway Number One. Die Felswände der Tafelberge zeigen nur geringen Bewuchs, an den Kanten fallen sie schroff ab. Auch eine Felssturzsicherung in Form einer Straßenüberdachung wurde

Mit traumhaften Ausblicken führt eine Panoramastraße von den Bergen hinab an die Küste nach Alghero.

installiert. Der höchste Punkt der Strecke ist mit 360 Metern über dem Meer am Aussichtspunkt Su Ferru e Su Caddu erreicht. Wir sind direkt unterhalb des höchsten Gipfels, des Monte Mannu (806 m). Die letzten 14 Kilometer geht es bergab, aber der Fahrspaß bleibt. So umkurven wir die allmählich flacher werdenden Küstenabschnitte, bis wir schließlich Bosa erreichen.

Bosa ist mit seinen farbenfrohen Häuserfassaden, dem Castello Malaspina und dem schiffbaren Fluss Temo ein beliebtes Fotomotiv. In Anbetracht dieser Attribute ist es erstaunlich, dass sich der Tourismus hier noch wohltuend in Grenzen hält. Unser Ziel ist das genuesische Castello, von dem aus wir eine fantastische Aussicht über ganz Bosa bis zu den Tafelbergen der Planargia im Süden haben. Bereits die palmengesäumte Anfahrt direkt am Temo entlang auf der Lungo Temo Giorgio Amendola macht Laune. Auch die anschließende Cappuccino-Pause in der schmucken Altstadt sorgt für Urlaubsstimmung. Zum Einkehren ist das Restaurant Locanda Di Corte ebenfalls eine gute Wahl.

Übernachten

*Das **Palazzo Sa Pischedda** in der Via Roma 8 in Bosa ist ein liebevoll renoviertes Hotel mit toller Dachterrasse und sehr gutem Frühstück. Allerdings gibt es keine Privat-Parkplätze, Geöffnet von April bis Mitte November, DZ (incl. Frühstück) 55 bis 230 Euro; Tel.: 0785-373 065, E-Mail: info@hotelsapischedda.it, www.hotelsapischedda.com.*

Wir setzen unsere Fahrt weiter fort auf der SP 19 Richtung Norden und schrauben uns die umliegenden Berge hinauf. Die Straße ist in perfektem Zustand und scheint für Biker gemacht. Die Gegend ist einsam und mit Macchia bewachsen. Die ersten Bergspitzen lassen wir unter uns, die Blicke schweifen bis zum Meer im Westen und über die Weiten des Logudoro im Osten. Die Kurvenstrecke hat sich auf über 500 Höhenmetern zu einer Panorama-Höhenstraße gemausert, und wir genießen Kurve um Kurve. Zivilisation Fehlanzeige. Allmählich geht es wieder abwärts, und Kulturlandschaften mehren sich, je mehr wir uns dem Bergdorf **Montresta** nähern, das auf einem Felsplateau unterhalb des Monte Navrino über beste Aussicht über das weite Tal des Rio Piccarolu verfügt. Am Ende

Die Etappe von Alghero in den Süden nach Bosa ist ein echter Leckerbissen und gehört zu den sardischen Highlights.

Die spektakuläre Treppe am Capo Caccia (links), das farbenfrohe Städtchen Bosa (rechts).

des Ortes fahren wir zunächst in Richtung Padria rechts weiter. Nach 4,5 Kilometern müssen wir links abbiegen. Aufpassen, der Abzweig ist nicht beschildert! Auf dem schmalen, aber zügig befahrbaren Sträßchen gewinnen wir schnell an Höhe und finden uns bald in einer einsamen Prärie wieder. Hier könnte man auch Indianerfilme drehen. Es folgen einige längere gerade Abschnitte. Erste Korkeichen säumen den Weg, und allmählich rückt der Stausee Lago del Temo ins Blickfeld. Er befindet sich in traumhafter Landschaft, umgeben von vier Berggipfeln.

Wir erkennen auf dem vor uns liegenden Tafelberg Su Monte auch eine Serpentinenstraße, die direkt bis zum Gipfel führt. Es ist die Straße nach **Monteleone Rocca Doria**. Und diesen Abstecher lassen wir uns nicht entgehen, denn oberhalb des Dorfes gewährt eine teilweise asphaltierte Ringstraße das vermutlich schönste 360-Grad-Panorama der ganzen Insel. Dazu biegen wir unten am See rechts ab und steuern direkt auf den Su Monte zu. Oben sind Reste eines genuesischen Kastells erkennbar, das im Mittelalter von den Spaniern zerstört wurde. Nachdem wir uns satt gesehen haben, geht es zurück zum See und über

Tipp

Argentiera – die Suche nach dem Silber

Bereits in der Antike gruben die Römer nach Silbererz und benannten den Ort danach (lat.: argentum = silber). Bis in die frühen 60er-Jahre wurde hier Silbererz gefördert, bis der Abbau unrentabel wurde. Die Anlagen verfielen, Argentiera wurde zur Geisterstadt. Das machte sie berühmt. Sogar Elizabeth Taylor und Richard Burton drehten hier einen Film („Boom!“). Inzwischen kommt wieder Leben in den Ort, indem Hotels und Ferienhäuser in den alten Häusern entstehen.

eine Brücke in nordwestlicher Richtung.

Panoramareich geht die Fahrt weiter. Zu unserer Freude kommen noch ein paar mehr Lastwechsel hinzu, sodass wir uns auf die Ideallinie einschwingen. **Villanova Monteleone** ist bald erreicht, der größte Ort auf der Inlandsstrecke zwischen Bosa und Alghero. Wir zwängen uns durch die engen Gassen. Hinter dem Ort wird die Landschaft noch spektakulärer. In Halbhöhenlage gibt der Wald die Blicke in die Ebene wieder frei. Ein paar engere Kurven mäßigen unseren Fahrstil. Nach einigen längeren geraden Abschnitten rückt die Bucht von Alghero wieder ins Blickfeld, mit dem markanten senkrecht ins Meer abfallenden Capo Caccia dahinter. Der Wald weicht einmal mehr Buschwerk, und über eine Serpentinenstraße kommen wir in die Küstenebene, durch die wir wieder nach **Alghero** zurückfahren.

Am Ortsrand folgen wir den Hinweisen auf die SS 127 in Richtung Sassari und verlassen die Stadt in nordöstlicher Richtung. Das Landschaftsbild hat sich komplett geändert. Kerzengerade führt die gut ausgebaute Straße an ausgedehnten Kulturlandschaften vorbei. Vor uns kommen die ersten Hügelketten ins Blickfeld, die Straße wird etwas kurviger und hinter **Uri** deutlich schmaler. **Usini** lassen wir rechts liegen. Nach drei Bahnüberquerungen in kurzer Folge erreichen wir **Mandra di l'Ainu**, einen Vorort von Sassari. Der Ort besteht im Wesentlichen aus Privathäusern mit teils riesigen Gärten, die zum Olivenanbau genutzt werden. Der Wohnort wurde schachbrettartig angelegt, seine schma-

Markant fällt das Capo Caccia fast senkrecht ins Meer ab

Die Cappuccino-Pause am Kastell von Bosa sorgt für Urlaubsstimmung.

len Sträßchen ziehen sich kerzengerade hindurch. Auf der nun etwas breiteren Fahrbahn bleiben wir bis zum Abzweig nach Porto Torres und folgen dem Hinweis nach rechts.

Dieser Streckenabschnitt führt uns durch endlose Wiesenlandschaften in topfebenem Gelände. Nach zehn Kilometern kommt ein weiterer Abzweig nach Porto Torres. Dem folgen bis zum Abzweig nach Argentiera, Es geht durch Felder und Wiesen. Am Horizont tauchen die ersten Nurra-Berge auf, auf die wir direkt zusteuern. Die Kurven sind überschaubar. So bleibt mehr Zeit, die Landschaft zu betrachten und sich auf eine Geisterstadt zu freuen. Wir verlassen allmählich die fruchtbare Ebene, mit jedem Kilometer wird die Landschaft hügeliger. Die Schräglagen häufen sich, und bald ist **Palmadula** erreicht. Kurz hinter dem Ort haben wir erstmalig wieder Blick aufs Meer. Kurvenreich geht es hinab, und beim kleinen, aber feinen Sandstrand von Porto Palmas treffen wir auf die Küste. Nach einer Linkskurve haben wir das alte Fabrikgelände von **Argentiera** erreicht und blicken auf die alten verfallenen Gebäude und Anlagen, die seit über 50 Jahren vor sich hinmodern. Ein gleichermaßen beeindruckender wie surrealer Anblick.

Wir fahren zurück nach Palmadula und biegen dort rechts ab in Richtung Sassari. An einem weiteren Abzweig ist bereits der Lago Baratz ausgeschildert. Nach 4,5 Kilometern zweigen rechts zwei Feldwege ab. Der linke führt direkt zum Parkplatz des einzigen natürlichen Sees auf Sardinien. In wenigen Minuten gelangt man zu Fuß über einen Trampelpfad ans Ufer. Der See ist Idyl-

Von Alghero aus fährt man mit dem Boot zur wunderschönen Grotta di Nettuno.

Tipp

Grotta di Nettuno

Bereits im 14. Jahrhundert wurde die Höhle von Fischern entdeckt und in den 1950er-Jahren zugänglich gemacht. Erreichbar ist sie landseitig über 654 Treppenstufen auf der aussichtsreichen Escala del Cabirol, der »Ziegentreppe«. Bequemer geht es natürlich mit dem Ausflugsboot von Alghero aus. Da der Eingang nur knapp über dem Meeresspiegel liegt, ist die Höhle bei hohem Seegang nicht begehbar. Über Treppenstufen ist die ganze Höhle gut erschlossen. Ein mehrere hundert Meter langer Pfad führt durch verschiedene Säle und Gänge. Ein 120 m langer Salzwasser-See sorgt für tolle Lichtspiegelungen. Der Eintritt ist mit 15 Euro allerdings recht teuer. Ganzjährig geöffnet von 9 - 19 Uhr. Weitere Info unter www.algheroexperience.it.

le pur. Kaum ein Geräusch ist zu hören. Libellen fliegen umher. Menschen? Fehlanzeige. Wer noch Lust auf Meer hat, kann vom Parkplatz aus auf einem Feldweg vor bis zur Küste zur beliebten Spiaggia di Porto Ferro spazieren, einem breiten Sandstrand, eingerahmt von Felsen mit spanischen Wachtürmen.

Kurz-Check

Streckenlänge: *ca. 250 km.*
Charakter: *einfach; die Tour mit den zwei Gesichtern: spektakuläre Gebirgslandschaften zum Kurven räubern im Süden und gemäßigte Spazierfahrten im Norden mit spannenden Ausflugszielen. Die kurzen asphaltfreien Abschnitte sind problemlos zu bewältigen.*
Highlight: *Die 42 km lange Küstenstraße von Alghero nach Bosa steht dem kalifornischen Highway No. 1 in nichts nach und gehört zu den schönsten Strecken Sardiniens.*
Einkehr-Tipp: *Das Agriturismo Barbagia in der Regione Fighera 26, in der Nähe des Flughafens von Alghero mitten in der freien Natur. Keine Karte, nur ein fantastisches mehrgängiges sardisches Menü für 35 Euro mit viel Fleisch und Gemüse aus eigenem Anbau in tollem Ambiente (Reservierung obligatorisch: Tel.: 0799-351 41, E-Mail info@agriturismobarbagia.it).*
Absolutes Muss: *Hoch auf den Berg Su Monte nach Monteleone Rocca Doria fahren und das schönste 360°-Panorama Sardiniens genießen.*

Übernachten

Etwas außerhalb von Alghero, in der Via Carrabuffas entlang der SS 127, steht das ***Alghero Resort Country Hotel & Spa*** *in einer gepflegten Gartenanlage mit Pool und Restaurant. Großes Frühstücksbuffet und überdachte Motorradparkplätze. Geöffnet von Mitte April bis Mitte Oktober, DZ (incl. Frühstück) 96 bis 201 Euro; Tel.: 0799-865 55, E-Mail: info@algheroresort.it, www.algheroresort.it.*

Weiter in Richtung Süden. Dieses frühere Sumpfgebiet wurde ausgetrocknet und die Straßen schachbrettartig angelegt. Sie sind gesäumt von rosa und weiß blühenden Oleanderbüschen und hohen Bäumen. Auf den Feldern wird Wein angebaut. Wir orientieren uns nach Süden, bis wir auf Hinweisschilder zum **Capo Caccia** treffen, denen wir folgen. Das Meer rückt wieder ins Blickfeld. Kurze Zeit später entdecken wir den beeindruckenden Felskoloss, der die weite Bucht von Alghero mit seiner gigantischen Steilküste im Westen abschließt. Wir fahren bis ganz an die Spitze, wo die Straße an einem Parkplatz endet. Er ist der Ausgangspunkt einer spannenden Höhlenbesichtigung zur Grotta di Nettuno, die absolut lohnenswert ist. Auf dem Weg zurück nach Alghero umrunden wir die Bucht. Dabei kommen wir am Nuraghen-Komplex Palmavera links direkt an der Straße vorbei, der gegen Eintritt besichtigt werden kann. In Alghero angekommen, lassen wir den Tag in der schönsten Stadt ausklingen.

ALGHERO
Bosa
Bosa Marina
SAS
Olmedo
Uri
Ittiri
Usini
Tissi
Putifigari
Villanova Monteleone
Monteleone Rocca Doria
Montresta
Suni
Modolo
Parco Regionale di Porto Conte
Porto Conte
Capo Caccia
Capo Galera
Punta del Giglio
Fertilia
Stagno di Calich
Lago di Cuga
Lago del Temo
Cala Bona
Cala Burantinu
Cala Griecas
Seno de sa Pazzosa
Porto Tangone
Cala Ittiri
Isola Pagliosa
Porto Baosu
Capo Marargiu
Porto Managu
Torre Argentina
Isola Rossa
Porto Ferro
Lago Baratz
Monte Doglia
Monte Minerva
Monte Mannu
Santuario di Valverde
Nuraghe Palmavera
Necropoli Anghelu Ruiu
Aeroporto di Alghero
Castello di Serravalle
GPS-Track der Tour
auf www.highlights-verlag.de
gratis zum Download
Falk Verlag, D-73760 Ostfildern

Die Perle Sardiniens

Das an der sardischen Nordwestküste gelegene Alghero wird als die schönste Stadt Sardiniens bezeichnet.

Obwohl es als die reizvollste Stadt Sardiniens gilt, ist Alghero eigentlich spanischen Ursprungs, denn vom 14. bis zum 18. Jahrhundert herrschten hier die Aragonesen. Der Grund, weshalb heute immer noch ein Teil der Bevölkerung katalanisch spricht und viele Straßenschilder zweisprachig geschrieben werden. Älter sind die Fundamente der Festung, sie stammen von den Genuesen aus dem 12. Jahrhundert, bevor die Spanier sie zur heutigen Größe ausbauten.

Ende des 19. Jhdts. kamen die Engländer als Eroberer der Strände. Früh wussten sie die herrliche Umgebung und die sympathische Stadt zu schätzen, sodass Alghero noch vor der Costa Smeralda bereits ein bekannter Badeort war. Auch die italienische Königsfamilie erlag dem Charme der Stadt und seiner Lage. Spätestens seit Billigflieger den nahen Flughafen ins Programm aufgenommen haben, ist auch der Massentourismus inzwischen in der Region angekommen.

Das Bike stellt man am besten auf dem freien Platz entlang der Banchina Dogana vor der mächtigen Stadtmauer ab, da die gesamte Altstadt Algheros für den Verkehr gesperrt ist. Dort legen auch die Ausflugsboote zur Grotta di Nettuno ab. Durch die Porta a Mare geht man hinein in das historische Zentrum und stößt auf die Via Carlo Alberto, die Haupt-Einkaufsmeile. Dort gibt es neben den obligatorischen Urlaubergeschäften auch eine ganze Menge interessanter einheimischer Läden.

Weiter entlang auf der Via Carlo Alberto trifft man auf das kulturelle Glanzlicht der Stadt, die Kirche Chiesa di San Michele. Errichtet im 17. Jahrhundert, ist sie bis heute Sitz eines Jesuitenkollegs und hat den Grundriss eines Kreuzes. Die Kuppel der Kirche stammt aus dem Jahr 1950 und gilt als einer der auffälligsten Blickpunkte der Stadt, da sie mit glasierten farbigen Dachziegeln gedeckt ist. Am Ende der Straße stößt man auf den trutzigen und exponiert stehenden Torre dello Sperone unweit der Piazza Sulis. Sie ist Zentrum und Ausgangspunkt abendlicher Streifzüge, die sich weiter nach Süden über den belebten Lungomare Dante und die Via Antonio Gramsci ausdehnen lassen.

Der Spaziergang auf der Stadtmauer gibt herrliche Ausblicke frei

Ebenfalls auf keinen Fall entgehen lassen sollte man sich einen Bummel auf den Festungsmauern. Der Rundgang bietet neben tollen Blicken auf das markante Capo Caccia viel Kulinarisches in den Restaurants, die sich dort draußen angesiedelt haben. Allerdings haben das gute Essen und die herrliche Lage ihren Preis. Noch höher hinaus kommt man auf den landeinwärts stehenden Wachtürmen Torre Porta Terra und San Giovanni, die ehemals ebenfalls Teile der Festungsmauer waren und heute gegen Eintritt bestiegen werden können. Von oben hat man einen wunderschönen Blick über die Altstadt.

Oben: Der Rundgang auf Algheros Stadtmauer ist ein Muss. Unten: Romantische Atmosphäre am Hafen.

Olbia und die Baronia

Kurvenreiche, einsame Waldpassagen und eine unüberschaubare Anzahl feinsandiger, weißer Strände drücken dieser Tour de Natur ihren Stempel auf.

Herrscht in Olbia und an den Küsten der Baronia-Region ausgeprägter Tourismus, dominieren im Hinterland weite, einsame Wälder mit unverfälschten Bergdörfern und natürlich jeder Menge Kurven.

Deshalb verlassen wir **Olbia** zügig und machen uns auf den Weg nach **Monti**. Das hübsche Bergdorf liegt malerisch am Nordausläufer des Alà-Gebirges und am Fuß der Punta Conchedda, an deren dicht bewaldetem Nordhang wir uns nach dem Abzweig nach Nuoro in die Höhe arbeiten. Uns erwarten 90 Kilometer feinste Waldwedelstrecke. Nur vier nennenswerte Orte unterbrechen den Fahrfluss, und so lassen wir es laufen. Zunächst erklimmen wir erste Höhen mit zunehmend freien Blicken auf das Kulturland westlich von Olbia. Mit dem Erreichen des Hochplateaus Altopiano di Alà folgen einige gerade Abschnitte. Dahinter tauchen wir wieder ein in einen dichten Korkeichenwald, der zunehmend in einen Pinienwald mit vereinzelten Zypressen übergeht. Die Straße ist in einem sehr guten Zustand, sodass wir uns vollständig auf unsere Ideallinie konzentrieren können.

Kurz vor **Ala dei Sardi** lichtet sich der Wald, und die Strecke wird überschaubarer. Am Kreisverkehr nehmen wir die erste Ausfahrt und gönnen uns einen Abstecher durch das Bergdorf. Im Ort hat es ein paar nette Cafés für die kleine Pause zwischendurch. Auf dem weiteren Weg nach Buddoso kommen wir an zwei Tankstellen vorbei, die ers-

Eine Erdpiste führt hinaus bis zum unbebauten und einsamen Ende des Capo Cavallo.

ten seit Monti. **Buddoso** ist der größte Ort auf dem Weg nach Nuoro und besitzt gleich mehrere Granit-Steinbrüche. Wir überqueren drei etwas überdimensionierte Verkehrskreisel, bevor wir Bitti erreichen. Der Ort liegt malerisch unterhalb der Umgehungsstraße in einem Talkessel, umgeben von drei Hügeln. Wir umfahren **Bitti** südlich und schlängeln uns auf einer herrlichen fünf Kilometer langen Wedelstrecke oberhalb eines dicht bewaldeten Tals weiter in Richtung Nuoro. Eine charmante Abkürzung der Tour bietet sich am Ortsende von Bitti am Abzweig nach Dorgali an. Ab hier geht es weiter über **Lula** nach **Siniscola** an der Ostküste. Diese traumhaft schöne und wenig befahrene asphaltierte Straße führt am Fuß des lang gestreckten Granitrückens des Monte-Albo-Gebirges in nordwestliche Richtung. Das Panorama ist überwältigend, und es gibt Kurven satt. Eine sehr empfehlenswerte Alternativroute, die mehr

Das ruhige und beschauliche Örtchen Orosei bietet sich für einen Zwischenstopp an.

Tipp

Die schönsten Strände Sardiniens

Das majestätische, schneeweiße Kalksteingebirge des Supramonte fällt steil zum Golf von Orosei ab. Das Meer hat tiefe Höhlen in den weichen Fels gefressen und schneeweiße Strände am Fuß senkrechter Felswände geschaffen. Vom hellen Meeresboden reflektiertes Licht lässt das Meer in allen Blau- und Türkisfarben erscheinen. Das Wasser ist glasklar. Geboten wird das von den Grotten del Bue Marino und del Fico und den Stränden Cala di Luna, Cala Sisine, Cala Mariolu und Cala Gabbiani. Teil dieser unvergleichlichen Kulisse kann man werden, indem man entweder stundenlange Wanderungen durch das Hinterland auf sich nimmt oder mit dem Boot von Cala Gonone aus die Steilküste entlangschippert. In der Hauptsaison verkehren die Wassertaxis bis zu zwölfmal am Tag und bringen Erlebnishungrige an die Strände und zu den Höhlen. Tickets und Abfahrtszeiten gibt es am Fahrkartenschalter am Hafen in Cala Gonone. Die Boote fahren von Ostern bis Allerheiligen (von Juni bis September täglich von 9.00 bis 18.30 Uhr). Weitere Infos unter www.calagononecrociere.it.

Zeit bringt für die attraktiven Strandabschnitte an der Ostküste.

Nach einer kurzen Verschnaufpause am oberen Talausgang mit ein paar geraden Abschnitten zieht die Strecke wieder an, und der Kurvenritt geht weiter. In einer scharfen Rechtskurve zweigt links eine Straße nach **Orune** ab. Das

Bei Cala Gonone windet sich eine Betonpiste kurvenreich in das Massiv des Supramonte hinein.

Bergdorf sitzt aussichtsreich wie gemalt auf einem Bergrücken. Fotogener hätte man den Ort mit den bunten Häuserfassaden nicht in Szene setzen können.

Die Strecke wird flacher, bleibt aber sportlich. Wir passieren den Nuraghe Loddune, einen weiteren von vielen antiken Steinhaufen in dieser Gegend. Allmählich verlieren wir an Höhe, und bald ist **Nuoro** auf einem Hochplateau erreicht. Hier herrscht städtisches Treiben. Nuoro ist die Hauptstadt der gleichnamigen Region und liegt an der wichtigen Verkehrsachse Sardiniens, die Olbia im Norden mit Caghliari im Süden verbindet. Die Stadt selbst birgt ein nettes Zentrum, insbesondere im Bereich zwischen der katholischen Kirche delle Grazie und der Piazza San Giovanni. Neben etlichen Shops säumen viele Straßencafés und Trattorias den mit Granitplatten belegten Corso Garibaldi. Viel interessanter ist jedoch eine Rundfahrt um den Hausberg Nuoros, den fast 1.000 Meter hohen Monte Ortobene. Er dient wegen seines dichten Steineichenwaldes als grüne Lunge der Stadt mit etlichen Picknick- und Erholungsplätzen, Café, Restaurants und vor allem einem fantastischen Panorama.

Wir machen uns per SS 129 auf den Weg Richtung Dorgali. In respektvollem Abstand zum Supramonte fahren wir an seiner Nordflanke entlang durch ein völlig verändertes Landschaftsbild. Es ist hier wesentlich trockener, die Böden sind steiniger, lange Geraden durchziehen die mühsam beackerten Felder. Die Region ist bekannt für ihre Cannonau-Weine. An einer großen Kreuzung biegen wir rechts ab in Richtung Dorgali. Auf langen Geraden fahren wir zügig durch die flache Ebene, in der sich Felder und Buschland abwechseln. Vor uns erblicken wir bereits die Küstenberge. Nachdem wir die Brücke über den Stausee des Fiume Cedrino überquert haben, kommt Dorgali in Sicht, das geschätzt wird für seinen Wein und Käse. Weiter nach **Cala Gonone**. An der ersten Tankstelle im Ort biegen wir rechts ab und umgehen so den Verkehr in der Innenstadt. Nach 1,6 Kilometern stoßen wir wieder auf die Küstenstraße SS 125, der wir nach Süden folgen. Kurz darauf stehen wir vor zwei durch den steil aufragenden Fels des Supramonte-Massivs getriebene Tunnelröhren, die das Inland verkehrstechnisch in diesem Inselabschnitt mit der Küste verbinden. Am Ende des Tunnels lockt der weite Blick übers tief unten liegende Meer. Die anschließende Serpentinenstrecke könnte erheblich genussreicher sein, wenn nicht so viele Menschen die gleiche Richtung hätten wie wir. Wir halten uns am ersten Kreisel rechts und fahren eine drei Kilometer lange Stichstraße direkt am Meer entlang nach Süden. Unser Ziel ist die Cala Fuili, die einzige der vielen

Der Ausblick ist traumhaft und gleichzeitig schwindelerregend

Buchten um Cala Gonone, die mit einem Fahrzeug erreichbar ist. Aber auch dort müssen die letzten 40 Höhenmeter zu Fuß überwunden werden. Aber es lohnt sich: Bereits der Blick in die Tiefe und auf das türkisfarbene Meer ist gleichermaßen traumhaft wie schwindelerregend.

Zurück fahren wir über Cala Gonone, nehmen aber nicht nochmal die Tunnel-

Auf einem Felsklotz erhebt sich der reizende Ort Posada aus der gleichnamigen Flussebene.

Cala Fuili ist die einzige Bucht um Cala Gonone, die per Motorrad erreichbar ist.

strecke, sondern eine Betonpiste, die sich vom Nordende des Ortes in Serpentinen die Felswand hocharbeitet. Die Blicke zurück zur Küste sind schwindelerregend, und die uns umgebende Felsszenerie ist grandios. Wir passieren den Passo Littu und die Grotta di Ispinigoli, die gegen Eintritt besichtigt werden kann. Weiter geht es durch menschenleere Gegend und bewirtschaftete Felder nach **Orosei**.

Orosei ist für seine Lage am Meer mit seinem langen Sandstrand erstaunlich beschaulich und lohnt durchaus einen kurzen Zwischenstopp. Dazu bietet sich die Kirche del Rosario als Ausgangspunkt an. Direkt gegenüber wartet ein kleiner Park mit Cafés. Auf der SS 129 passieren wir den weiten Strand von Osalla. Eine Erdpiste führt parallel zum Küstensaum, sodass sich die Badegäste gut verteilen. Auch auf dem weiteren Weg nach Norden, immer an der Küste entlang, reiht sich ein weißer Sandstrand an den nächsten.

Bei **Santa Lucia** verlassen wir die SS 125 in Richtung La Caletta und fahren weiter an der Küste entlang. Der besonders breite und feinsandige Strand ist jetzt in der Nebensaison komplett leer. Wir kommen nach **Posada**, das sich aus der Ebene des gleichnamigen Flusses auf einem einsamen Felsklotz erhebt. Am höchsten Punkt steht ein markanter viereckiger Turm. Zu ihm fahren wir hinauf und genießen vom für den Verkehr gesperrten Centro Storico die ungehinderte Aussicht über die weitrei-

Tipp

Oasi di Biderosa – Naturpark am Meer

Mit zunehmendem Tourismus erfährt auch die Natur zunehmende Zerstörung. Zwischen Orosei und Siniscola wurde deshalb ein über 800 Hektar großer Naturpark und Schutzgebiet für Flora und Fauna direkt am Meer eingerichtet. Der aufgeforstete Pinienwald ist eingezäunt und kostet Eintritt. Die Besucheranzahl ist reglementiert, es gibt feste Öffnungszeiten und keine Hotels oder Ferienanlagen. Ein Aussichtsberg, zwei Seen und fünf Strandabschnitte (Oasi 1 bis 5), die über Holzstege erreichbar sind, Sanitäreinrichtungen, Parkplätze und Picknickstellen sorgen für Wohlfühl-Athmosphäre bei Pflanzen, Mensch und Tier. Täglich geöffnet von Mai bis Oktober von 7.30 bis 20.00 Uhr .Weitere Infos unter www.oasibiderosa.it.

chende Ebene und die Küste bis zum markanten Monte Longu. Der Ort selbst bietet mit seinen engen, verwinkelten Gässchen viele pittoreske Ecken.

Nach Norden hin nimmt die Besiedlungsdichte immer mehr zu. Zu den Stränden, die sich wie Perlenketten aneinanderreihen, kommt man über Stichstraßen. Besonders lohnenswert ist ein Abstecher zum weit ins Meer hinaus ragenden **Capo Cavallo**. Dazu folgen wir nach der Lagune Stagno di San Teodoro den Ausschilderungen zum Kap. Die Fahrt geht vorbei an Feriensiedlungen, lädt zu Abstechern zu verschiedenen Stränden ein und endet am Villagio Est ganz am Ende des Kaps, wo die Zufahrtstraße in einen großen Parkplatz mündet. Links neben der Zufahrt führt eine Erdpiste hinter einer Schranke bis zur unbebauten Landzunge mit kleinen Strandabschnitten und bietet einen überwältigenden Blick über die Küste und die vorgelagerten Inseln Proratora, Molara und die besonders markante, fast 600 Meter steil aufragende Tavolara. Wieder auf der SS 125 fahren wir in einem weiten Bogen zurück nach **Olbia** und lassen den Tag ausklingen im aktiven Nachtleben auf der 750 Meter langen für den Verkehr gesperrten Flaniermeile Corso Umberto I.

Kurz-Check

Streckenlänge: *ca. 310 km.*
Charakter: *einfach; die Straßen sind überwiegend von sehr guter Qualität, der Grip hervorragend. Bis Nuoro dominieren kurvenreiche, einsame Waldpassagen, an der Küste eine Vielzahl von feinen, weißen Sandstränden mit entsprechender Infrastruktur und einigen hübschen Küstenorten.*
Highlight: *Fahrerisch hält der Abschnitt zwischen Bitti und Orune die meisten Lastwechsel bereit. Landschaftlich ist der schmale Küstenabschnitt bei Cala Gonone am spektakulärsten.*
Einkehr-Tipp: *In unmittelbarer Nähe des Jazz-Hotels, in der Via Bambini di Beslan, befindet sich das Doppio Malto, eine Brauerei mit angeschlossener Gaststätte in stylishem Loft-Ambiente. Zwölf Biere stehen zur Auswahl. Die Küche reicht von herzhaft über sardisch bis vegetarisch. (Reservierung empfohlen; Tel.: 0789-641 088).*
Absolutes Muss: *Mit dem Boot ab Cala Gonone an der eindrucksvollen Felsenküste entlang zur Cala di Luna und Cala Sisine, den schönsten Stränden Sardiniens.*

Übernachten

In unmittelbarer Nähe zum Flughafen von Olbia verströmt das ***Jazz-Hotel*** *in der Via Degli Astronauti 2 den professionellen Charme eines Business-Hotels. Die Vorzüge sind sehr komfortable Zimmer mit großen und überdachten Balkons, ein üppiges Frühstücksbuffet, Restaurant und Pool. Ganzjährig geöffnet, DZ (inclusive Frühstück) 84 bis 329 Euro; Tel.: 0789-651 000, E-Mail: booking@jazzhotel.it, www.jazzhotel.it.*

Falk Verlag, D-73760 Ostfildern

Durch die Ogliastra

Eine fahraktive, sportliche Runde führt durch tiefe Wälder und karge Berge zu einer der begeistерndsten Motorradstrecken Europas.

Gennargentu und Supramonte sind die größten Gebirge auf Sardinien. Beide Landschaften verbinden ausgedehnte Wälder und eindrucksvolle Panoramen. Während das Gennargentu-Gebiet eher sanft und hügelig auftritt, beeindrucken die Kalkfelsen des Supramonte durch spektakuläre Schluchten und stark erodierte Felsabstürze.

Wir haben **Orgosolo** als Startpunkt für die Tour durch Teile der Barbagia und die Ogliastra ausgewählt. Der Ort gehört zu den berühmtesten Bergdörfern der Insel und hat eine dunkle Vergangenheit. Hier wurden Blutrache zwischen verfeindeten Familien praktiziert und heftige Wiederstände gegen die Obrigkeit geleistet, was viele Bewohner aus Armut in die Kriminalität führte. Das Dorf war so berüchtigt, dass sogar preisgekrönte Filme darüber gedreht wurden („Banditi al Orgosolo", von 1961). Diese finsteren Zeiten sind vorbei. Von der Wehrhaftigkeit der Bevölkerung übrig geblieben sind jedoch die sogenannten Murales, die an vielen Häusern im Zentrum zu bestaunen sind (s. Seite 41).

Wir machen uns auf in Richtung Mamoiada. Die Straße verläuft kurvenreich in Halbhöhenlage mit schönen Blicken zurück auf das am Hang liegende Orgosolo und über das weitläufige Cedrino-Tal bis nach Nuoro. Bis **Mamoiada** sind wir umgeben von unbewohntem Buschland und Weinbergen. Hinter Mamoiada orientieren wir uns auf der SS 389 in Richtung Fonni. Die Straßenqualität hat Spielraum nach oben. Sie ist wellig und

Ein knackiges Serpentinensträßchen zirkelt hinauf zur Hochebene von Golgo und bietet unterwegs herrliche Ausblicke.

mit Ausbesserungen gespickt. Dafür bleibt die Landschaft traumhaft. Niedere Macchia gibt den Blick frei auf bewaldete Hügel. Um die neue SS 389 zu meiden, fahren wir zunächst weiter in Richtung Pratobello und dann nach Fonni, das auf 1.000 Metern höchstgelegene Bergdorf Sardiniens. Der Straßenbelag lässt nun wieder eine zügigere Gangart zu. Die Strecke bleibt herrlich kurvig. Der Lago Govossai rückt ins Blickfeld. Wir überqueren die Staumauer und folgen dem See ein Stück an seinem idyllischen Nordufer.

Fonni liegt auf einer für das Gennargentu typischen flachen Kuppe. (B&B Gennargentu, siehe Tour 6). Wir halten uns links und nehmen Kurs auf Lanusei. Die Luft ist in dieser Höhe angenehm frisch, wir cruisen entspannt durch kleinere Waldabschnitte. Die Straße dreht in ein bewaldetes Tal, und über den 1.118 Meter hoch gelegenen Passo di Caravai steuern wir auf den höchst gelegenen Pass Sardiniens zu, den Arcu Correboi auf 1.246 Metern. Er markiert die Grenze zwischen den Provinzen Barbagia und der Ogliastra. Eine Madonnen-Statue auf einem hoch aufgetürmten Steinhaufen zeigt den Scheitelpunkt. Ein Stopp lohnt auch ohne Imbissbude, denn der Blick zurück ins Tal ist überwältigend. Auch die Strecke vor uns hat es in sich: eine traumhafte Fernsicht und kaum Verkehr durch das Tal des Rio Calaresu. Tief unten entdecken wir die kühn in den Fels gesprengte Schnellstraße. Uns begegnen nur noch Motorräder, Fahrräder, Schweine und Kühe. Letztere verleiten uns immer wieder zum Fladenslalom. Kurvenreich geht die Fahrt bergab. Nadelwald bis zum Talgrund. **Villagrande** fliegt vorbei, der Lago Alto de Flumendosa, dann kommt der Monte Perda Liana in Sicht, der sich mit seiner markanten Bergspitze von den übrigen Hügeln unterscheidet.

Die Straße wird immer schmaler und schlechter, aber das grandiose Gelände entschädigt mit unendlichen Weiten.

Übernachten

*Das **Poseidonia** in der Viale Europa 3 in Arbatax ist in Bikerkreisen bekannt und beliebt. Die Zimmer sind riesig, und das Personal spricht teilweise sogar deutsch, was man auf Sardinien eher selten vorfindet. Ganzjährig geöffnet, DZ (incl. Frühstück) 100 bis 244 Euro; Tel.: 0782-664 068,www.hotelposeidonia.it, E-Mail: hotelposeidonia.booking@gmail.com.*

Die unbefestigte Piste, die zur Schlucht von Su Gorropu führt, ist nur geübten Offroadern zu empfehlen.

Murales, wie Wandmalereien wie hier in Orgosolo genannt werden, waren einst eine Form des politischen Protests. Heute bilden sie das aktuelle Zeitgeschehen ab.

Auf 1.000 Höhenmetern überqueren wir den Pass s'Arcu' e su Pirastu Trottu und folgen weiter dem Flumendosa-Tal in aussichtsreicher Halbhöhenlage.

Die Straße wendet nun nach Süden und mündet schließlich östlich von Seui in die SS 198 in Richtung Lanusei. Nun sind wieder die Kurventechniker gefordert. In langen schnellen Bögen folgen wir der Ideallinie durch die menschenleere und dicht bewaldete Gegend der Barbagia Seulo. Auf den folgenden 30 Kilometern bis Gairo Sant' Elena passieren wir lediglich das hübsch am Hang gelegene Ussassai und im Tal die kleine Bahnstation Taquisara. Dazwischen gibt es nur üppigen Steineichenwald und herrliche Kurven durch die hügelige Landschaft. Wir wechseln von einem Tal ins Nächste. Kurz vor **Gairo Sant' Elena** entdecken wir die Ruinen des alten Gairo, das nach einem Felssturz 1951 fast vollständig zerstört wurde. Die Fahrt geht unterhalb der brüchigen Felswand weiter bergauf. Der Panoramablick über das Pardu-Tal ist erste Sahne.

Bis **Lanusei** bleibt die Strecke wald- und kurvenreich. Mit seinen über 5.000 Einwohnern verströmt der Ort fast schon städtisches Flair. Es gibt Supermärkte, Restaurants, Banken und Hochhäuser. Nach den vielen einsamen Kilometern bietet das geschäftige Treiben für uns einen ungewohnten Anblick. Die Ostküste erscheint bereits hinten am Horizont. Dazwischen liegt die breite fruchtbare Küstenebene von Tortoli. Die lan-

Tipp

Murales – Malen aus Protest

Der Begriff steht für „Wandmalereien im öffentlichen Raum". Erstmals praktiziert wurden sie nach der mexikanischen Revolution als Ausdruck von Protest. Eine Künstlerinitiative begann Anfang der 1970-Jahre damit, diese Kunstform auf die Hauswände im Zentrum Orgosolos zu übertragen. Bis heute findet sich aktuelles Zeitgeschehen an vielen Häusern, teilweise bis unters Dach. Sogar Altkanzler Helmut Schmidt prangt seit vergangenen RAF-Zeiten auf einer Büste an einer Hauswand. Die schönsten Exemplare findet man entlang des Corso Repubblica im Zentrum.

ge Abfahrt ins Tal wird zunehmend von Busch- und Kulturland gesäumt, aber die Kurven bleiben. So nähern wir uns rasant dem Ort **Tortoli** an der gleichnamigen Meeres-Lagune. Nach Olbia ist Tortoli die wichtigste Stadt an der Ostküste und deshalb auch ein großer Warenumschlagplatz und Verkehrsknotenpunkt. Bekannt ist **Arbatax** für seine roten Felsklippen aus Porphyrgestein, die man über die SS 125 erreicht, indem man ganz nach vorne bis zu einem riesigen Parkplatz fährt.

Zwischen Santa Maria Navarrese und Dorgali liegt eine der beliebtesten und schönsten Motorradstrecken der Insel überhaupt. Dazu fahren wir auf der SS 125 in Richtung Baunei. Wir gewinnen schnell an Höhe und haben schöne Sicht auf das vorgelagerte Kap bei Arbatax und die Küstenebene dahinter. Die Straße ist in perfektem Zustand, und die Gashand bekommt Arbeit. Nach Umfahrung des markanten Monte Scoine erblicken wir bereits **Baunei**, das spektakulär am Steilhang klebt wie ein Schwalbennest an der Hauswand. Die Straßen Bauneis sind schmal, die Häuser hoch. Manche sind keine drei Meter

Ein Serpentinensträßchen vom Feinsten tut sich vor uns auf

breit, weil die krasse Lage am Steilhang physikalische Grenzen setzt. Wer Baunei von oben betrachten möchte, macht einen Abstecher auf die Hochebene von Golgo. Dorthin gelangt man über ein nicht minder spektakuläres Serpentinen-Sträßchen, das nach knapp zwei Kilometern zu einem Aussichtspunkt führt, von dem sich Baunei und die gesamte Ebene von Tortoli bis zur Küste überblicken lässt.

Fast so rot wie Blut ragen die Porphyrspitzen, die roten Felsen von Arbatax, aus dem Meer.

Am Sattel des Genna Arramene (Parkplätze) verlassen wir die Ogliastra-Ebene und gewinnen weiter an Höhe. Nach dem Genna-Scalas-Sattel wechseln wir wieder auf die Westflanke. Dann folgt eine kahle Hochebene, die uns zum Tal von Urzulei führt. Die mächtige Punta is Gruttas vor uns haben wir alsbald erreicht. An diesem Felsklotz zweigt links ein Asphaltsträßchen ab, das nach zweieinhalb Kilometern in eine Erdpiste übergeht und nach weiteren 18 Kilometern bis zum oberen Eingang der berühmten Schlucht Su Gorropu führt. Diese Piste ist allerdings nur geübten Offroadern zu empfehlen.

Nach sechs Gallerien ist mit dem Silana-Pass auf 1.017 Metern der höchste Punkt der Etappe erreicht. Außer einem Touristenbüro und einem Hotel gibt es noch die bei Bikern beliebte Bar Silana. Jetzt beginnt die Königsetappe dieser ohnehin spektakulären Motorradroute. Achtung: Wer hier abfliegt, fliegt lange und landet tief im Tal. Jedes Jahr sind Tote zu beklagen, und oft sind es übermotivierte Motorradfahrer. Tief unter uns breitet sich das weite Tal Valle di Oddoene aus. Daran schließt sich die Schlucht Su Gorropu an, die mit bis zu 500 Meter hohen senkrechten Felswanden zu den tiefsten Schluchten Europas zählt. Der Fluss Fiumineddu hatte Jahrmillionen Zeit, sich tief in den weichen Kalkstein des Supramonte hineinzufressen. Von hier oben sieht der Eingang der Schlucht aus, als hätte ein Riese mit einem Beil eine gigantische Kerbe in den Fels geschlagen.

Hinter **Dorgali** wandelt sich das Landschaftsbild komplett. Wir durchstreifen die flache Ebene des Rio d'Oliena auf

Das Restaurant Su Gologone bietet gehobene sardische Küche in toller Atmosphäre.

Tipp

Su Gologone – Wasser aus der Tiefe

Der Supramonte besitzt das längste unterirdische Flusssystem Italiens. Su Gologone ist eine dieser Flussadern, die aus einer unterirdischen Felsspalte hervortritt und wenig später in den Fiume Cedrino mündet. Je nach Jahreszeit und Intensität der Niederschläge fördert die Quelle 100 bis 10.000 Liter Wasser pro Sekunde und besitzt immer eine Temperatur von 12° C. Bis zu einer Tiefe von 135 m ist die Quelle erforscht, der Grund jedoch noch nicht erreicht. Am klarsten ist das Wasser nach längerer Trockenzeit. Der Eintritt kostet 4 Euro pro Person. Weitere Informationen gibt es unter www.sorgentisugologone.it.

langen Geraden mit Blick auf den mächtigen Supramonte, in dessen Bann wir uns befanden.

Ein wenig städtisches Feeling bekommen wir wieder in **Oliena**, das sich den Hang des Supramonte hinaufzieht. Das soziale Leben spielt sich vor allem entlang des Corso Vittorio Emanuele II ab mit seinen Bars, Restaurants und dem

Übernachten

*Direkt oberhalb der SP 22 zwischen Oliena und Orgosolo steht das **B&B Jannas** mitten in der wunderschönen Landschaft mit drei klimatisierten Doppelzimmern, einem Pool und einer super Aussicht auf den Supramonte. Die Herzlichkeit der Gastgeber kompensiert die Verständigungsschwierigkeiten derjenigen, die kein Italienisch können. Ganzj. geöffnet, DZ (incl. Frühstück) 104 - 113 Euro. Tel.: 338 241 4124, www.jannasorgosolo.it.*

Kurz-Check

Streckenlänge: *ca. 290 km.*
Charakter: *mittelschwer; die Straßen sind in einem überwiegend guten Zustand. Einige Serpentinenstrecken erfordern einen sicheren Umgang mit der Maschine. Auf herabgefallene Steinbrocken und herumliegende Kühe ist auf manchen Abschnitten zu achten.*
Highlight: *Die 50 km lange SS 125 zwischen Santa Maria Navarrese und Dorgali ist eine der schönsten Bikerstrecken Europas.*
Einkehr-Tipp: *Das Su Gologone (auch Hotel, aber teuer) liegt traumhaft schön an der SP 46 zwischen Oliena und Dorgali direkt neben der gleichnamigen Quelle. Das Restaurant ist ausgesprochen geschmackvoll gestaltet und bietet gehobene sardische Kochkunst (Reservierung empfohlen: Tel.: 0784-287 512). Weitere Infos unter www.sugologone.it.*
Absolutes Muss: *Im Zentrum Orgosolos an den Murales vorbeischlendern wie in einer Open Air-Kunstgalerie. Auf ganz Sardinien gibt es diesbezüglich nichts Vergleichbares.*

kunstvoll verlegten Straßenpflaster. Wer Zeit und Lust hat auf ein echtes Highlight im wahren Wortsinn, begibt sich zum südöstlichen Ortsausgang. Dort führt die SP 22 über eine enge, serpentinenreiche Betonpiste am empfehlenswerten Ristorante (auch Übernachtung möglich) S'Enis Monte Maccione vorbei. Die letzten fünf Kilometer verlaufen auf einer Erdpiste zu einem Parkplatz auf einem baumlosen Felsplateau auf 1.215 Meter. Von dort aus können die höchsten Gipfel des Supramonte, die Punta sos Nidos und die Punta Corrasi bestiegen werden. Das Panorama ist überwältigend und reicht bis weit in die Barbagia hinein und zum Gennargentu-Massiv.

Entlang der SP 22 geht die Tour auf den letzten 15 Kilometern kurvenreich zu Ende. Die griffige Piste führt an Feld- und Waldpassagen vorbei und schwingt aussichtsreich bis nach **Orgosolo**, wo wir unsere Tour gemütlich ausklingen lassen.

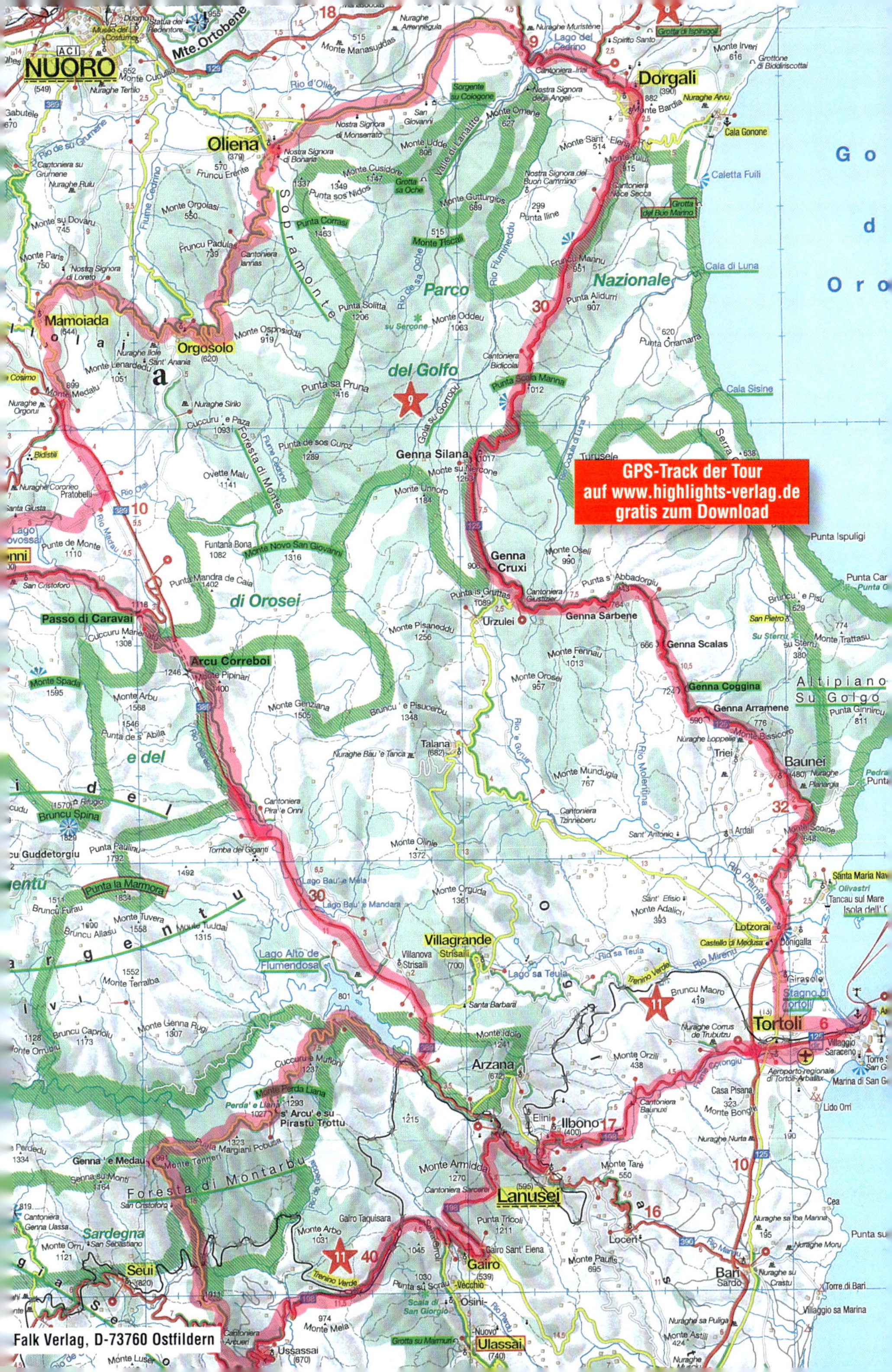
GPS-Track der Tour
auf www.highlights-verlag.de
gratis zum Download
NUORO
Mte.Ortobene
Oliena
Dorgali
Cala Gonone
Mamoiada
Orgosolo
Supramonte
Parco
del Golfo
di Orosei
Nazionale
Genna Silana
Genna Cruxi
Urzulei
Genna Sarbene
Genna Scalas
Genna Coggina
Genna Arramene
Baunei
Triei
Ardali
Talana
Passo di Caravai
Arcu Correboi
Villagrande Strisaili
Lago Alto de Flumendosa
Arzana
Lotzorai
Tortolì
Girasole
Ilbono
Elini
Lanusei
Loceri
Bari Sardo
Gairo
Ulassai
Seui
Foresta di Montarbu
Punta la Marmora
Bruncu Spina
Gennargentu
Altipiano Su Golgo
Cala di Luna
Cala Sisine
Falk Verlag, D-73760 Ostfildern

Im Herzen der Barbagia

Schräglagensammler aufgepasst: Bei dieser extrem kurvenreichen Etappe durch das gebirgige Landesinnere Sardiniens sind Geraden Mangelware.

Im Gegensatz zu Sardiniens Küstenabschnitten ist die Barbagia kaum besiedelt. Nur wenige Straßen durchstreifen kilometerlange einsame Wälder. Landschaftlich wird die gesamte Region geprägt vom mächtigen Gennargentu-Gebirge.

Das Bergdorf **Fonni** liegt auf 1.000 Meter und ist der ideale Ausgangspunkt, um ins Herz des weitläufigen Gennargentu vorzudringen. Mit diesem als erstem Etappenziel starten wir nach Süden in Richtung **Desulo**. Beschauliche Kurven durch hügeliges Wald- und Buschland bringen uns und die Maschinen allmählich auf Temperatur. Dabei haben wir die höchsten Gipfel Sardiniens stets vor Augen.

Bereits nach sechs Kilometern zweigt links, direkt am pittoresken Agriturismo Su Pinnettu, eine breite Asphaltstraße zum Monte Spada ab. Nach einem weiteren guten Kilometer steht ein riesiges Haus in einsamer Landschaft rechts an einer Verzweigung: Das sehr empfehlenswerte Event-Restaurant Su Ninnieri ist vor allem auf große Gruppen eingestellt, aber auch einzelne Gäste werden überaus freundlich bewirtet. Links am Haus vorbei wird die Straße schmaler und geht in eine Erdpiste über. Das gesamte Areal ist umgeben von saftigen Wiesen mit Bäumen und Felsen, die sich sehr gut zum Picknicken eignen. Ganz anders die Straße, die rechts am Restaurant Su Ninnieri vorbei zum zweithöchsten Gipfel Sardiniens, der Bruncu Spina, führt. Die acht Kilometer lange

Ab dem Bergdorf Aritzo verlässt die Route die obere Bergregion und taucht in dichte Waldgebiete ein.

Stichstraße zieht sich durch eine regelrechte Mondlandschaft mit kahlen Felsen, unendlichen Weiten und einem Blick über die umliegenden Hügel, wie von einer Dachterrasse aus. Die durch Frostschäden gelöcherte Straße endet nach einsamer Fahrt an einem Parkplatz auf 1.570 Metern unterhalb des einzigen Skilifts auf Sardinien. Gastronomisch ist hier oben tote Hose, aber Stille und Einsamkeit sind faszinierend.

Zurück auf der SP 7 erwartet uns wieder ein wunderschönes einsames Waldgebiet. Geschmeidig fahren wir jedes Seitental genüsslich aus. Das Fahrerlebnis wird lediglich durch einige Schlaglöcher auf der Ideallinie getrübt. An der Brücke des Rio Aratu eignet sich ein Parkplatz mit einer überdachten Quelle für eine Frischluft-Pause.

Übernachten

*Am Ortsrand von Fonni steht das moderne **B&B Gennargentu** in der Viale del Lavoro 131 mit toller Aussicht auf die höchsten Inselberge (nomen est omen). Zur Auswahl stehen italienisches oder englisches Frühstück. Freundliche und hilfsbereite Inhaber. Zwei- bis Vier-Bett-Zimmer. Geschlossen im Januar, DZ (inclusive Frühstück) 95 bis 125 Euro; Tel.: 340-294 35 99.*

Wir gewinnen zunehmend an Höhe und Weitblick über die Gipfel im Westen, bis wir den Pass s‘ Arcu de Tascussi auf 1.245 Meter erreichen. Direkt hin-

Beschauliche Kurven durch hügeliges Wald- und Buschland von Fonni Richtung Desulo.

Im Su Ninnieri gibt es exzellente sardische Spezialitäten zu vernünftigen Preisen.

ter dem Ristorante Madonna delle Nevi scharf links führt ein sechs Kilometer langes asphaltiertes Panoramasträßchen diesmal von der westlichen Seite ins Zielgebiet der Bruncu Spina. Am Ende des Stichstraße steht ein Rifugio auf 1.510 Meter Höhe, von dem aus der Gipfel bestiegen werden kann.

Am Abzweig nach **Tortoli** vorbei fahren wir weiter geradeaus und biegen nach 30 Metern links ab. Die Höhenstraße ist in keinem guten Zustand. Der geröllige Steilhang befördert Kies und Steine auf die Fahrbahn, insbesondere nach Unwettern. Dafür ist die Aussicht über die Bergwelt Innersardiniens überwältigend. Der Wald lichtet sich, und Desulo wird tief unten im Tal sichtbar.

Am Arcu Guddetorgiu treffen gleich fünf Straßen zusammen. Wir bleiben auf der Hauptstraße und fahren weiter am Grat entlang, gesäumt von karger Vegetation. Wir bewegen uns permanent über 1.100 Höhenmeter und haben herrlich freie Sicht bis zum Horizont. Erst mit Annäherung an das 2.000-Seelen-Dorf **Aritzo** verlassen wir die oberen Berghänge und tauchen wieder in dichtes Waldgebiet ein.

Am Ende der Straße biegen wir links ab in Richtung **Gadoni**. Bis dahin begleitet uns eine perfekte Waldwedelstrecke auf griffigem Asphalt. Der Ort schmiegt sich in toller Lage an den dicht bewaldeten Hang. Dann folgt der spektakulärste Teil der Strecke: In engen Serpentinen führt die Route steil hinab in das enge Tal des Fiume Flumendosa. Unmittelbar vor einer Brücke zweigt eine Erdpiste rechts ab und führt auf abenteuerlichem Weg runter zum Fluss, auf der anderen Seite in engen Serpentinen wieder hinauf und mündet unmittelbar hinter dem Viadukt wieder in die SP 8.

Schnell gewinnen wir an Höhe und sind bald 300 Meter über dem Fluss.

Tipp

Wandern im Gennargentu-Massiv

Das Gennargentu-Gebirge ist das größte auf Sardinien und reicht bis knapp an die 2.000-m-Marke. Es besteht aus mehreren Gipfeln, die kreisförmig angeordnet sind. Vom Parkplatz am Fuß des Skilifts sind es noch 30 Gehminuten über den Nordhang zum Gipfel der Bruncu Spina. Sie ist mit 1.829 m der zweithöchste Berg und nur fünf Meter niedriger als die Punta Marmora, die bequem in weiteren zwei Stunden über den Höhenrücken erreichbar ist. Um auf den Monte Spada zu gelangen, gibt es zwei Möglichkeiten. Zwei Kilometer nach dem Restaurant Su Ninnieri, hinter einem hübschen Natursteinhaus, führt ein Wanderweg hoch zum Gipfel auf 1.595 Meter. Eine weitere Variante zum Aufstieg besteht am Ende des Feldweges.

Lang gezogene Kurven und übersichtliches Buschland lassen eine schärfere Gangart zu. Gleich am Ortseingang von **Seulo** steht rechts ein Eiscafé mit einer wunderschönen schattigen Panorama-Terrasse, von wo aus sich die herrliche Landschaft des weitläufigen Canyons genießen lässt. Seulo ist eines dieser typischen sardischen Dörfer mit enger Durchgangsstraße, durchgehenden Häuserreihen in drei- bis viergeschossiger Bauweise, wenigen Pflanzen und viel bunter Farbe an den Fassaden. Verabschiedet werden wir mit den allerorts beliebten rosa-weißen Oleanderbüschen am Straßenrand.

Die Strecke macht weiterhin Laune. Zügig geht es auf über 800 Meter Höhe. Nadelbäume mischen sich unters Gehölz. Schließlich erreichen wir eine Hochebene, an deren Rand **Sadali** auftaucht. Am Ende der Straße biegen wir rechts ab auf die SS 198 in Richtung Cagliari, dann gleich wieder links in den Ort. Das Dorf besitzt einen kleinen Wasserfall, der aus einer Quelle im Zentrum

Sardische Dörfer haben viel bunte Farbe an den Fassaden

entspringt. Oberhalb des Wasserfalls befindet sich ein alter Waschplatz, der auch heute noch genutzt wird

Zurück auf der SS 198 bleiben wir auf der Hochebene und cruisen schwingend durch die menschenleere, überwiegend baumlose Gegend. Bei **Esterzili** hat der Rio de Sadali eine tiefe Schlucht gegraben, die allmählich ins Blickfeld rückt. Wir bleiben allerdings am oberen Rand und genießen die Tiefblicke in die Schlucht. Mit zunehmender Annäherung

Malerisch liegt das Bergdorf Desulo mitten im mächtigen Gennargentu-Gebirge.

an den lang gestreckten Stausee Lago del Flumendosa werden die Landschaft gebirgiger und die Kurven anspruchsvoller. Bis zur Überquerung der Brücke direkt am Schluchtausgang des Fiume Flumendosa fahren wir die letzten drei Kilometer aussichtsreich direkt oberhalb des Sees entlang. Zwischen uns und dem See verläuft lediglich die legendäre Bahnstrecke des Trenino Verde. Unmittelbar vor der Brücke zweigt eine Erdpiste zum Ufer links ab.

In sanften Schwüngen verlassen wir das Tal. Die Landschaft hat sich nun völlig verändert. Hochwiesen und Felderwirtschaft bestimmen das Bild. Wir kommen uns vor wie im Voralpenland. Kurz vor **Nurri** erklimmen wir eine weitere Hochebene, die sich bis nach Laconi erstreckt. Auf dem Weg dorthin passieren wir **Isili**, der Hauptort der Sarcidano-Region. Der sympathische Ort verströmt schon fast städtisches Flair, trotz seiner nur 2.700 Einwohner. Wir fahren an Parks vorbei, viele Häuser besitzen hübsche Vorgärten.

Hinter Isili steuern wir in schnellen Kurven auf den nächsten Stausee Lago is Barrocus zu. Die Straße zwängt sich kühn am Hang entlang. Auf der gegenüber liegenden Seit brechen die Kalkfelsen scharfkantig ab. Direkt neben der mehrbogigen Eisenbahnbrücke erkennen wir eine alte Straße, die im See versinkt und am anderen Ufer wieder auftaucht. Hinter **Nurallao**, einem ähnlich modern wirkenden Ort wie Isili, verläuft die SS 128 auf einer Länge von vier Kilometern nahezu kerzengerade. Die Landschaft um uns herum ist topfeben, und wir kommen uns vor wie im sonnigen Kalifornien mit seinen unendlichen

Nur wenige Straßen durchstreifen die einsame Region der Barbagia.

Weiten. Das ändert sich kurz vor **Laconi**: Die SS 128 windet sich elegant um die Hügellandschaft und gewinnt an Höhe. Das sehenswerte Städtchen liegt aussichtsreich auf einer Kuppe und lohnt einen Stopp. Auf dem dicht bewaldeten Weg nach **Sorgono** überqueren wir

Tipp

Das weiße Gold –
Die Schneebauern von Aritzo

Aritzo war bekannt für seine Niargios (Schneebauern), die über Jahrhunderte hinweg Schnee aus den Bergen zu Eis pressten und als Kühlmittel in ganz Sardinien und sogar auf dem italienischen Festland verkauften. So wurden jährlich bis zu 600 Tonnen gepresster Schnee veräußert. Das einträgliche Geschäft starb aus mit der zunehmenden Technisierung. Noch heute wird bei Festen daraus die lokale Desert-Spezialität Sacarapigna von den Aritzesi zubereitet, eine Art Zitronensorbet. Weitere Infos dazu gibt es im Eco-Museo della montagna sarda o del Gennargentu am südlichen Ortsausgang.

mehrfach die Gleise des Trenino Verde, die uns seit Seulo ständig begleiten.

Hinter Sorgono steuert die SS 128 erneut auf die Gipfel des Gennargentu zu, die Kurvenhatz geht weiter. Hinter **Tiana** öffnet sich der Wald, und wir blicken weit in das tief eingeschnittene Tal des Torrente Tino, der 250 Meter unter uns dem Lago di Cucchinadorza entgegenfließt. Über **Ovodda** wechseln wir ins Nachbartal und nähern uns dem Lago di Gusana. Am Ende der Brücke wartet rechts eine Rastgelegenheit am Ufer.

Wir bleiben auf der SS 128 und überqueren den See erneut über eine zweite Brücke. Dann verlassen wir das Tal und kommen nach **Gavoi**. Auffällig ist dort die gute Bausubstanz und die vielen Pflanzen in den Balkonkästen. Dazu die reizvolle Lage in der Umgebung dicht bewaldeter Hügel. Das macht Lust auf den nächsten Zwischenstopp in einem der im Ort verstreuten Cafés. Nach über 100 Kilometern auf der SS 128 verlassen wir diese nun am fast 900 Meter hohen Pass Ianna Caguseli. Die folgende SP 22 ist eine herrliche Panoramastraße mit geringem Baumbestand und freiem Sichtfeld auf die Gipfel des Supramonte und des einsam aus der Ebene aufragenden Nostra Signora di Gonari. Wir biegen rechts ab in Richtung Mamoiada. An der neuen SS 389var orientieren wir uns Richtung Tortoli und bleiben fünf Kilometer auf der ausgebauten Schnellstraße bis zur Ausfahrt nach Gavoi. Kurz vor **Fonni** zieht die alte SS 389 nochmal am Berg an, und kurvenreich geht die Tagestour im höchst gelegenen Ort Sardiniens zu Ende.

Übernachten

*Das **B&B Cuccumiao** in der Via Azuni 8 in Sorgono empfängt seine Gäste mit viel Herzlichkeit und sehr geschmackvoll eingerichteten Zimmern. Das Frühstück ist top. Ganzjährig geöffnet, DZ (incl. Frühstück) 70 Euro; Tel.: 334-729 50 20.*

Kurz-Check

***Streckenlänge:** ca. 250 km.*
***Charakter:** einfach bis mittelschwer; auf dieser kurvenreichen Etappe gibt es nur wenige gerade Abschnitte. An einigen wenigen Stellen ist der Straßenzustand nicht optimal, und je nach Witterung können manche Abschnitte verschmutzt sein*
***Highlight:** Von Gadoni nach Seulo windet sich die SP 8 abenteuerlich durch das Flumendosa-Tal.*
***Einkehr-Tipp:** Am Abzweig zur Bruncu Spina steht einsam das riesige Ristorante Su Ninnieri. Der Speisesaal fasst 800 Gäste, ist aber trotzdem gemütlich. Tolles Preis-Leistungs-Verhältnis und sehr gute sardische Küche, gegrillte und auch vegetarische Speisen (Reservierung empfohlen: Tel.: 348 636 7646). Geöffnet Dezember bis Oktober mittags und abends. Dienstag Ruhetag. Weitere Infos unter www.suninnieri.com.*
***Absolutes Muss:** Die Stichstraße durch eine regelrechte Mondlandschaft zum einzigen Skilift Sardiniens am Fuß der Bruncu Spina ist auf ihre Art einzigartig.*

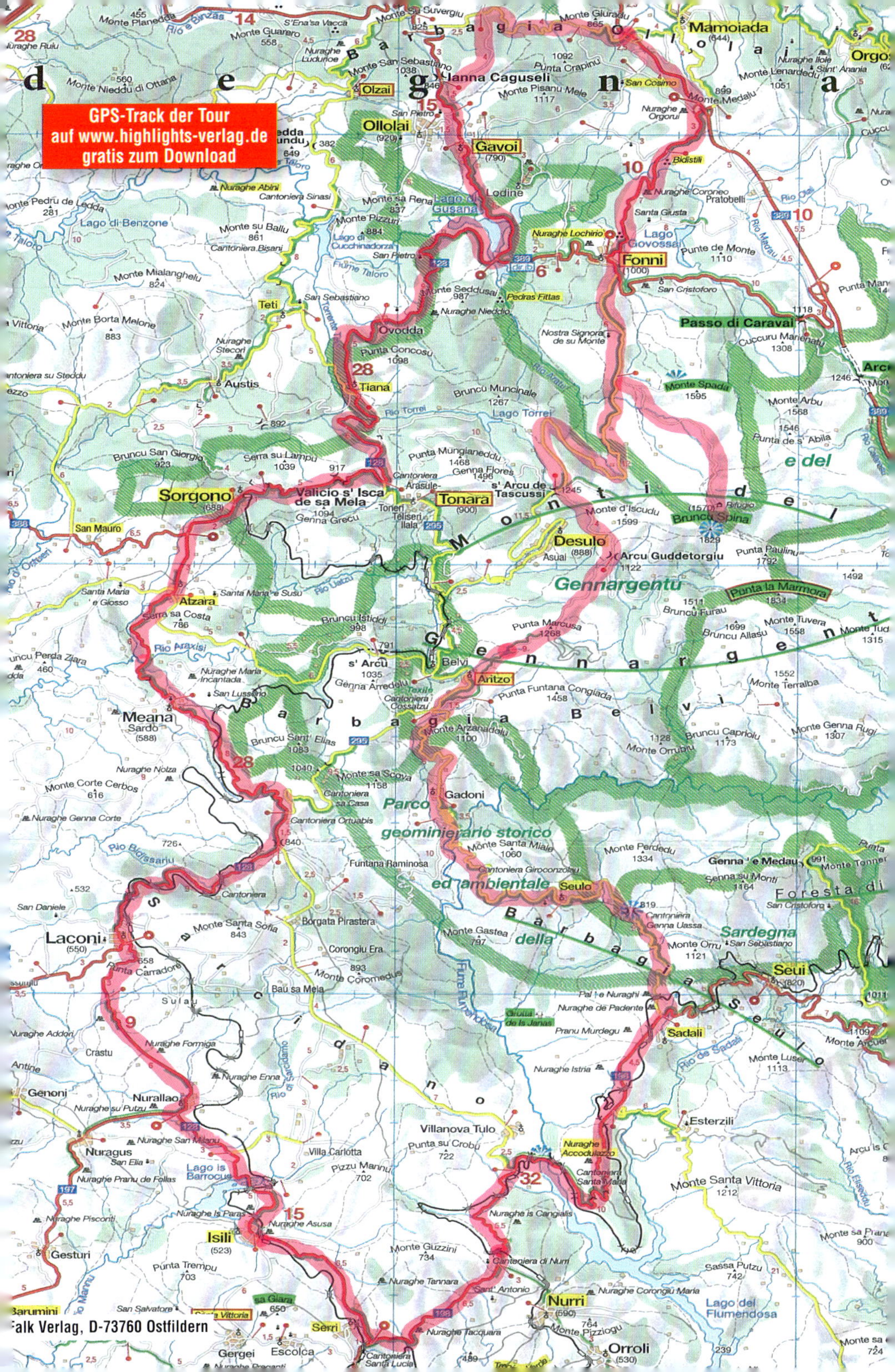
GPS-Track der Tour
auf www.highlights-verlag.de
gratis zum Download
Falk Verlag, D-73760 Ostfildern
Mamoiada
Olzai
Ollolai
Gavoi
Lodine
Fonni
Lago di Gusana
Passo di Caravai
Ovodda
Tiana
Teti
Austis
Sorgono
Valicio s' Isca de sa Mela
Tonara
Desulo
Arcu Guddetorgiu
Gennargentu
Punta la Marmora
Bruncu Spina
Monte Spada
Atzara
Belvì
Aritzo
Meana Sardo
Gadoni
Parco geominierario storico ed ambientale
Seulo
Sardegna
Seui
Sadali
Esterzili
Laconi
Nurallao
Nuragus
Lago is Barrocus
Isili
Villanova Tulo
Nurri
Orroli
Serri
Escolca
Gergei
Gesturi
Barumini
Genoni
Lago del Flumendosa

Oristano und der Campidano

Diese beschauliche Genießertour führt auf kühlen, schattigen Waldsträßchen nach Arborea, zum Obst- und Gemüsegarten Sardiniens.

Der Campidano und sein Hauptort Oristano ist die wirtschaftlich wichtigste Region Sardiniens. Eingerahmt wird die fruchtbare Ebene vom Monte Ferru im Nordwesten und dem Monte-Arci-Gebirge im Südosten.

Das Gebirgsmassiv des Monte Ferru ist das größte erloschene Vulkangebiet auf Sardinien, an dessen Ostflanke sich das Bergdorf Santu Lussurgiu befindet. Der urige Ort ist auf der Insel bekannt für seine Pferdezucht sowie traditionelle und kunstvolle Messer, die in der Werkstatt der Familie Mura hergestellt werden.

In nördlicher Richtung verlassen wir **Santu Lussurgiu**, nachdem wir unsere Tanks gut gefüllt haben. Sofort geht es bergauf. Nach zwei Kilometern kommen wir am empfehlenswerten Agriturismo Francado vorbei, das etwas versteckt links oberhalb der Straße liegt.

Wir sind umgeben von Weideland. Die Blicke schweifen weit über die ausgedehnte Abbasanta-Hochebene bis zu den Ausläufern des Gennargentu am Ende des Horizonts. Auf kurvenreicher Straße mit einwandfreiem Belag schrauben wir uns hoch bis zum Arancola-Pass auf 876 Meter. Die anschließende Abfahrt führt immer tiefer in einen verwunschenen Wald hinein. Die Baumkronen scheinen sich über uns zu verbeugen und bilden einen regelrechten Hohlweg. Angenehme Kühle umgibt uns. Die Stille und Abgeschiedenheit weiß wohl auch eine religiöse Institution zu schätzen, die ihr spirituelles Jugendzentrum mitten im

Zwischen Santu Lussurgiu und Cuglieri verbeugen sich die Baumkronen über uns und bilden einen regelrechten Hohlweg.

Wald aufgeschlagen hat. Dazu gehört ein frei zugängliches, weitläufiges Picknickareal an einer gefassten Quelle direkt neben der Fahrbahn.

Mit zunehmender Annäherung an die Küste lichtet sich der Wald, bald liegt uns die Westküste mit dem tiefblauen Meer zu Füßen. Dazwischen hat sich **Cuglieri** in sanfter Hanglage einen Platz an der Sonne gesichert. Bereits von weitem ist die schneeweiße Kathedrale Santa Maria della Neve auf der höchsten Erhebung der Stadt erkennbar. Nach steiler Auffahrt gibt es von dort den besten Blick über die Hauptstadt des Montiferru, die Küstenebene und das Meer.

Bereits in fünfter Generation stellt die Familie Mura in Santu Lussurgiu beste sardische Messer her.

Übernachten

Das Landgut befindet sich in Hanglage etwas außerhalb von Santu Lussurgiu mitten in der freien Natur mit großem Garten, Pool und privatem Parkplatz. Sehr nette Besitzer, die allerdings nur italienisch sprechen. Tolles Frühstück und eigene Produkte zum Abendessen. ***Agriturismo Francadu****, Strada Provinciale 19, ganzjährig geöffnet, DZ (incl. Frühstück) 90 Euro; Tel.: 0783-550 342, E-Mail: info@agriturismofrancadu.it, www.agriturismofrancadu.it.*

Landeinwärts leuchten die roten Felsen des Monte Ferru. Die Farbe ist auf den hohen Eisengehalt zurückzuführen, der dem Vulkan seinen Namen gab. Oliven gedeihen hier besonders gut. Und so passieren wir ausgedehnte Olivenplantagen, bis wir schließlich bei **Santa Caterina di Pittinuri** auf die Küste treffen. Der Sandstrand des schmucklosen Ferienorts ist mit Kieselsteinen durchsetzt. Dafür ist die Kulisse mit den senkrecht ins Meer abfallenden ausgehöhlten Kalkfelsen umso beeindruckender.

Am kilometerlangen Sandstrand Is Arenas, der sich nach Süden anschließt, haben sich gleich drei Campingplätze die besten Areale zwischen den Dünen gesichert. Vor der Brücke über den Rio Cispiri zweigen wir in einem Verkehrs-

Die Pflasterstraßen der Nuragher-Stadt Tharros stammen aus dem 13. Jahrhundert v. Chr.

kreisel rechts ab in Richtung der antiken Stätte Tharros und durchqueren die Sinis-Halbinsel, deren fruchtbarer Lavaboden intensiv landwirtschaftlich genutzt wird.

Die weitläufige Steppe ist ein Vogelparadies und seit 1997 auch ein Meeresschutzgebiet. Der großflächige Lagunensee Stagno di Cabras bietet Schutz für über 150 Vogelarten, darunter Flamingos, die im seichten Wasser reichlich Nahrung finden. Auf der kerzengeraden Straße durch das platte Land mit seinen Schilfgräßern und ausgedehnten Weiden fühlen wir uns wie auf einer Fahrt durch Norddeutschland, wenn da nicht die Flamingos wären, und wir nicht in der Sommerhitze in unseren Kombis schwitzen würden.

Unser Ziel ist die antike Stadt **Tharros** am Ende des lang gestreckten Capo San Marco. Gegenüber ragt der Torre San Giovanni auf einem Felsen aus der Ebene hervor. Zu seinen Füßen lädt einer von zwei schönen Sandstränden zum entspannten Abliegen ein. Nachteil: Das Ausgrabungsgelände mit einem Teil der römischen Geschichte Sardiniens befindet sich ungünstigerweise in der prallen Sonne.

Auf gleichem Weg fahren wir fünf Kilometer zurück bis zur Verzweigung

Tipp

Vittorio Mura & Figli – scharfe Sachen
Bereits in der fünften Generation stellt die Familie Mura sardische Messer her und gehört damit zu den traditionsreichen Messermachern Sardiniens. In der Viale Azuni Nr. 29 in Santu Lussurgiu steht ihre Werkstatt mit Verkaufstheke und Showroom. Tel.: 0783-550 726, www.vittoriomuraefigli@com.

nach Oristano und wählen dann die südliche Umfahrung des Stagno di Cabras. Über eine Brücke überqueren wir den breiten Meereszugang der Lagune und einige weitere Wasserarme. Im Hintergrund ist der Monte Ferru zu erkennen. Am Abzweig nach **Torre Grande** biegen wir rechts ab und kommen in den Badeort, benannt nach einem mächtigen Wachturm, der etwas verloren herumsteht. Die Uferstraße ist durch eine Palmenallee vom breiten Sandstrand getrennt. Eiscafés und Bars vervollständigen das Bild eines schicken Urlaubsortes. Sein Sandstrand zieht sich kilometerweit um den Golf von Oristano herum und wurde vom längsten Fluss Sardiniens, dem Fiume Tirso, geschaffen.

Tipp

Tharros – die antike Stadt

Im 13. Jhdt. v. Chr. von den Nuraghern gegründet und durch die Phönizier zu einer Handelsstadt entwickelt, wurde Tharros 215 v. Chr. durch die Römer erobert und weiter ausgebaut. Es entstanden Straßen mit Kanalsystemen, die heute noch sichtbar sind. Die Ruinen der Hafenstadt wurden 1851 unter Sanddünen entdeckt und ausgegraben. Eintritt neun Euro. Täglich geöffnet von 9 bis 19 Uhr.

Nächstes Ziel **Oristano**, die Provinzhauptstadt der gleichnamigen Region, zu der auch der Campidano gehört. Sehenswert ist vor allem die Altstadt mit ihren prächtigen Villen und Palazzi, den großzügigen Plätzen und der ausgedehnten Fußgängerzone mit Geschäften, Cafés und Trattorien. Für eine Stadtbesichtigung eignet sich die weitläufige Piazza Roma mit dem Torre di Mariano II, der auch den Eingang in die Altstadt und die Fußgängerzone bildet.

Hinter dem See Stagno di Santa Giusta beginnt die landwirtschaftlich am intensivsten genutzte Region Sardiniens. Mitte des vorigen Jahrhunderts erfolgte die Trockenlegung und die generalstabsmäßige Umwidmung des ehemali-

Die schneeweiße Kathedrale Santa Maria della Neve steht auf der höchsten Erhebung von Cuglieri.

gen Sumpf- und Malariagebietes zum Nutzland. Schachbrettartig wurden Straßen und riesige Plantagen angelegt. Die Stadt Arborea entstand am Reißbrett, um eingewanderten Bauern eine neue Heimat zu geben. Der Tirso wurde zur kontrollierten Bewässerung am Oberlauf aufgestaut. Heute fährt man kerzengerade durch Gebiete mit Pappeln und Silberweiden.

Zwei Kilometer hinter **Arborea** zweigen wir links ab in Richtung Terralba. Dort wechseln wir zunächst auf die SS 126 in Richtung **Guspini** und fahren dann weiter über San Nicolo nach **Uras**. Das Gebirge des Monte Arci rückt immer näher. Uras lassen wir links liegen und nehmen über die SP 442 Kurs auf Laconi

Endlich wieder Berge! Nach den langen geraden Abschnitten in der Campidano-Ebene wird es Zeit für ein paar geschmeidige Lastwechsel. Die Straße ist in perfektem Zustand, und dankbar nehmen wir die ersten Kurven unter die Räder. Einsame Hügel mit Buschland begleiten uns in die Berge hinei. Hinter dem Dorf **Morgongiori** offenbart sich ein fantastisches Panorama über die Marmilla-Region mit ihren unzähligen Hügeln. Nun sind wir wieder in unserem Element. Top Belag, wenig Verkehr und schnelle, übersichtliche Kurven. Wir durchstreifen das einsame Weide- und Grasland der Arborea-Region. Hinter **Escovedu** biegen wir links ab Richtung Usellus. **Fordongianus** kommt in Sicht. Es ist berühmt für seine römische Therme am Ufer des Tirso-Flusses, 250 Meter westlich neben der urigen siebenbogigen Brücke über den Fluss.

Nach den Geraden in der Campidano-Ebene sorgen die Berge des Monte Arci wieder für zünftige Lastwechsel.

Tipp

Terme Romane – Baden wie die Römer
Zwischen dem 1. und 3. Jhdt. n. Chr. entstand die römische Therme am linken Ufer des Tirso. Durch mehrere Becken fließt das 54 Grad heiße Wasser und mündet schließlich dampfend direkt in den Tirso. Als Freilichtmuseum kann die Anlage besichtigt werden. Ein paar Meter weiter darf man in den Bagni Termali di Bangius auch im Thermalwasser richtig baden. Wer komfortabel eine Spa-Auszeit nehmen möchte, checkt ein im Sardegna Grand Hotel Terme auf der gegenüberliegenden Seite des Tirso mit direktem Blick auf die Ausgrabungsstätte. Das Hotel wird aus derselben Quelle versorgt. Weitere Infos unter www.forumtraiani.it und E-Mail info@forumtraiani.it.

Hinter der Brücke biegen wir links ab auf die SP 23 in Richtung Abbasanta. Vorbei am Sardegna Grand Hotel Terme kommen wir auf eine Hochebene westlich oberhalb des tief eingeschnittenen Tirso-Tals. Auf einer Länge von über 20 Kilometern wird der Fluss über zwei Wehre aufgestaut. Die Regulierung des Tirso war eine der Maßnahmen zur Urbarmachung der Campidano-Ebene. Nach sieben Kilometern biegen wir rechts ab auf die SP 11 in Richtung **Busachi**. Die Straße führt direkt an den Stausee heran und gewährt fantastische Blicke über den lang gestreckten Stausee, auf die obere Staumauer und die bewaldeten Hänge auf der gegenüberliegenden Talseite. Zwischen der alten Staumauer und der Straßenbrücke steht noch die Ruine der Casa del Capocentrale, einer einst wunderschönen Villa, in der die damalige Projektleitung beim Bau der Staumauer untergebracht war. Bei niedrigem Wasserstand kommt sie immer wieder zum Vorschein.

Berühmtester Einwohner der Stadt **Ghilarza** ist Antonio Gramsci, ehemals Mitbegründer und Vorsitzender der italienischen Kommunisten, bevor er von Mussolini inhaftiert wurde. Sein Geburtshaus kann besichtigt werden und ist ausgeschildert.

Kurz vor **Santu Lussurgiu** steigt das inzwischen nahezu baumlose Gelände noch eimmal an, und so bekommen wir zum Abschluss unserer Tour erneut eines dieser grandiosen sardischen Landschaftspanoramen geboten.

Übernachten

*Das **B&B Sa Domu e Crakeras** ist ein ehemaliger Bauernhof mit großem Innenhof mitten in Oristano in der Via Giovanni Maria Angioy 49. Die im Landhausstil renovierten Zimmer sind klimatisiert, die Motorräder parken im Innenhof. Der Patron spricht englisch, ist sehr hilfsbereit und gibt gute Tipps. Geöffnet von April bis Dezember, DZ (incl. Frühstück) 67 - 77 Euro; Tel.: 340-790 00 03.*

Kurz-Check

Streckenlänge: *ca. 230 km.*
Charakter: *einfach; viele gerade Abschnitte stellen keine Herausforderungen dar. Der Drehzahlmesser kommt dafür umso mehr auf seine Kosten. Die Tour steht landschaftlich in starkem Kontrast zu den Bergstrecken Innersardiniens.*
Highlight: *Die kurvenreiche und herrlich kühle Waldstrecke von Santa Lussurgiu nach Cuglieri an der Nordflanke des Monte Ferru entlang.*
Einkehr-Tipp: *Die Trattoria Portixedda liegt unweit des B&B Sa Domu e Crakeras in der Vico Solferino 6 in Oristano. Es gibt keine Karte. Der charismatische Patron stellt alles nach individuellen Wünschen zusammen, egal ob Fisch, Fleisch, vegetarisch, usw. (Reservierung empfohlen: Tel.: 339 768 6131).*
Absolutes Muss: *Einmal in der original römischen Therme in Fordongianus die Füße ins warme Wasser strecken. Aber Achtung: Verbrühungsgefahr!*

Cuglieri
Monte Ferru
Santu Lussurgiu
Abbasanta
Ghilarza
Bonarcado
Seneghe
Paulilatino
Narbolia
Milis
Bauladu
San Vero Milis
Riola Sardo
Baratili San Pietro
Zeddiani
Nurachi
Solarussa
Zerfaliu
Ollastra
Simaxis
Cabras
Stagno di Cabras
Fordongianus
ORISTANO
Santa Giusta
Stagno di Santa Giusta
Palmas Arborea
Golfo di Oristano
Villaurbana
Parco geominerario storico ed ambientale della Sardegna
Monte Arci
Usellus
Ales
Arborea
Marrubiu
Terralba
Uras
San Nicolò d'Arcidano
Mogoro
Masullas
Marmilla
GPS-Track der Tour
auf www.highlights-verlag.de
gratis zum Download
Falk Verlag, D-73760 Ostfildern

Cagliari und das Sarrabus

Ein magisches 180-Grad-Kino vor Augen, geht es über die menschenleeren Hochebenen im Südosten Sardiniens.

Im Südosten Sardiniens treffen extreme landschaftliche Gegensätze aufeinander: Unendliche, menschenleere Höhenzüge des Salto di Quirra, Massentourismus in Villasimius, die enorme Bevölkerungsdichte bei Cagliari, das militärische Sperrgebiet mit Weideverbot nördlich des Capo San Lorenzo, der liebliche Rio di Quirra, das bedrohliche Tisiddu-Gebirge.

Spektakulär klebt **Jerzu** am Hang des fast senkrecht aufragenden Monte Tisiddu. Entsprechend eng sind die Straßen und hoch die Häuser, manche über fünf Stockwerke. Die Szenerie wirkt beunruhigend, weil sich der fast 1.000 Meter hohe Felskegel des Bruncu Matzeu regelrecht über das Bergdorf beugt, als wolle er es gleich unter sich begraben. Dass diese Sorge nicht ganz unbegründet ist, sehen wir wenige Kilometer weiter nördlich im alten Ortsteil von **Osini**, in Osini-Vecchio. 1951 lebten dort 1.500 Einwohner, bis der 14. Oktober und das Unwetter kamen. Fünf Tage und Nächte regnete es durch. Der brüchige Berg geriet ins Rutschen, ein Felssturz zerstörte das Bergdorf. Das gleiche Schicksal ereilte auch **Gairo** auf der gegenüberliegenden Hangseite. Heute werden in beiden Geisterdörfern allmählich einzelne Häuser von den Besitzern wieder hergerichtet.

Mit einem differenzierteren Blick auf die grandiose Felslandschaft drehen wir um und fahren zurück nach Ulassai. Das spektakuläre Hochplateau des Monte Tisiddu mit seinen senkrecht abfallenden

Teilweise abenteuerlich windet sich die SP 17 von Cagliari nach Villasimius durch immmergrüne Macchia.

Wänden beherbergt das Höhlensystem der Grotta su Marmuri, eine der schönsten Höhlen Sardiniens. Alleine die spektakuläre Auffahrt zur Höhle mit Panorama ist einen Abstecher wert.

Hinter **Ulassai** biegen wir rechts ab auf die SP 13 in Richtung Perdasdefogu. Auf perfektem Belag genießen wir die grandiose Aussicht über die Küstengebirge bis zum Meer und wedeln durch die einsame Waldlandschaft. Felsungetüme flankieren beidseitig die Straße. Wir schrauben uns hoch bis auf über 800 Höhenmeter.

Übernachten

*Das **B&B Su Connotu** in Sestu in der Via Salvemini 16 ist ein strategisch guter Ausgangspunkt für Touren im Süden und Cagliari. Luisa und Antonello Mura tun alles für ihre Gäste und sind an Herzlichkeit und Hilfsbereitschaft nicht zu übertreffen, ganzjährig geöffnet, DZ (incl. Frühstück) 96 bis 112 Euro; Tel.: 320 7829545, E-Mail: suconnotu@yahoo.it, www.suconnotu.it.*

Nach einigen kurvigen Abschnitten durch felsiges Gelände haben wir durch die einsame Quirra-Hochebene bald wieder dieses magische 180-Grad-Kino vor Augen. Im Flugmodus stürmen wir auf eine 350 Meter tiefe Schlucht zu. Es ist das weite Tal des Rio Flumineddu. Die Straßenbauer haben uns Bikern dazu eine lustvolle und feinkörnige Abfahrt bis zum Flussbett beschert, das wir über eine Brücke im Talgrund überqueren. Schafweiden und Weingärten begleiten uns durch das fruchtbare Tal, über dessen gegenüberliegende Hangseite wir das Tal wieder verlassen. Weiter geht es auf dem Hochplateau nach **Escalaplano**.

In **Ballao** biegen wir an der schneeweißen Kirche rechts ab in Richtung Cagliari und am Ortsende wieder links in Richtung Villasalto auf die SS 387.

Bis Villasimius reihen sich, getrennt durch Landzungen, die schönsten Strände und Buchten aneinander wie Perlen an einer Schnur.

Der Streckenabschnitt durch das idyllische Flumendosa-Tal bietet wieder mehr fürs Auge und weniger für die Maschine. Nach dem zweiten Tunnel biegen wir rechts ab auf die SP 27 in Richtung Villasalto. Nun dürfen unsere Maschinen wieder ran. Schnell tauchen wir tief ein in die Bergwelt der Gerrei und schrauben uns über Serpentinen 400 Meter hoch nach **Villasalto**, das über dem Flumendosa-Tal auf einer Hochebene thront.

Nach Überquerung des Talgrundes kommt **San Nicolo Gerrei** auf einer Anhöhe ins Blickfeld. In Giancarlos Pizza-Imbiss an der Durchgangsstraße legen wir einen kulinarischen Stopp ein. Hinter dem Ort biegen wir links ab auf die SP 14 in Richtung Dolianova und folgen dem Tal des Rio Marrada flussaufwärts. Eine liebliche Landschaft fast wie in den Voralpen. Vor uns bauen sich bereits die fast 1.000 Meter hohen Gipfel des Sarrabus auf. Mit Erreichen der

Osini-Vecchio ist ein verlassenes Bergdorf, das 1951 von einem Felsrutsch zerstört wurde und erst allmählich wieder besiedelt wird.

Tipp

Grotta su Marmuri – Im Reich der wachsenden Steine

Von Osini kommend, zweigt am Ortseingang von Ulassai ein kleines Sträßchen scharf rechts ab und führt in Serpentinen in zweieinhalb Kilometern oberhalb des Dorfes hoch zum Parkplatz am Ristorante Su Bullicciu. Um in die spektakuläre Höhle zu gelangen, muss man 500 Treppenstufen hinabsteigen. Auf einer Länge von 850 m werden riesige Säle durchstiegen. Dauer der Führung ca. 1,5 Stunden. Eintritt 12 Euro. Führungen mehrmals täglich von April bis Oktober. Weitere Infos unter www.grottasumarmuri.com.

gebirgigen Ausläufer nimmt auch die Kurvenfrequenz wieder zu. Bevor sich wie in einem Monumentalfilm von David Lean die große Ebene des Campidano vor uns ausrollt, genießen wir nochmals den Ritt durch die Berge.

Dolianova liegt in dieser Ebene und verströmt städtisches Flair. Die Stadtdurchfahrt ist etwas eckig, deshalb orientieren wir uns an den Ausschilderungen nach Cagliari, unser nächstes Etappenziel. Hinter Dolianova nimmt die Bevölkerungsdichte mit jedem Kilometer zu, bis wir die Vororte von Cagliari erreichen. Nach so viel unberührter Natur müssen wir uns an den typisch italienischen Verkehr erst wieder gewöhnen. Ein guter Ausgangspunkt für eine Stadtbesichtigung zu Fuß ist die Piazza Constituzione mit der Bastione di San Remy, wo wir unsere Bikes abstellen.

Auf dem weiteren Weg durch den Südwesten machen wir uns auf die Suche nach den Flamingos, die es auf Sardinien geben soll und fahren deshalb zum Stagno di Molentargius östlich des Zentrums von Cagliari. Und tatsächlich entdecken wir sie. Es ist allerdings eine

Vor uns rollt sich wie in einem Film eine immense Ebene aus

Herausforderung, sie in aufrechter Körperhaltung vor die Linse zu bekommen, denn die meiste Zeit steckt ihr Kopf unter Wasser auf der Suche nach Nahrung im seichten Gewässer.

Wir verlassen Cagliari in östlicher Richtung über den Vorort Quartu Sant' Elena und stoßen am Ende des gleichnamigen acht Kilometer langen Stadtstrands an die Küste. Die SP 17 nach

Das Capo Carbonara liegt vor Villasimius und bietet zwei traumhafte Sandbuchten.

Villasimius soll zu den Traumstraßen Europas zählen. Davon merken wir erstmal nichts, weil wir uns zunächst durch den Vorstadtverkehr wühlen müssen. Je weiter wir nach Osten vordringen, desto genussreicher wird der Trip, an der Einmündung der SS 554, die die Verbindung zur neuen Küstenschnellstraße SS 125 herstellt, sind wir den meisten Verkehr los. Wir cruisen vorbei an Oleanderbüschen, Pinienwäldchen und blicken aufs Meer. Was will man mehr? Wunderschöne Sandbuchten reihen sich wie an einer Perlenkette aneinander, getrennt durch Landzungen, die ins Meer ragen. Die Straße windet sich teilweise abenteuerlich um das mit immergrüner Macchia überzogene Küstengebirge. Und immer wieder schweift unser Blick über das türkisfarbene Meer, das sich zum Horizont ins Tiefblaue verfärbt.

Wir kommen nach **Villasimius**, ein nettes aber auch touristisches Nest mit Cafés, Restaurants, Souvenirshops und allem, was der Massentourismus so mit sich bringt. Das vorgelagerte Capo Carbonara bietet zwei wunderschöne Sandbuchten, allen voran die einer fast kreisrunden Lagune vorgelagerte Spiaggia del Simius.

Wir schwenken zur Ostküste und folgen der SP 18 nach Costa Rei. Erstaunlich, wie schnell wir wieder in völlig einsamer Umgebung sind und um die Küstenberge kurven. Der Sandstrand von Costa Rei, an dem sich ein Feriendorf und zwei Campingplätze angesiedelt haben, ist fast zehn Kilometer breit. Nach Norden wird der Strand begrenzt durch die menschenleere Landzunge Capo Ferrato. Die SP 97 führt daran vorbei und geht auf der Höhe des Kaps in eine fest gefahrene Erdpiste über. Diese ist unproblematisch zu befahren und trifft nach zwei Kilometern wieder auf Asphalt. Wir stoßen auf die alte SS 125, fahren bis zum Abzweig nach **Torre Salinas** und biegen rechts ab. Bevor wir durch die Oleanderallee zum schönen

Tipp

Sa Genti Arrubia – das rote Volk

So nennen die Sarden gerne ihre Flamingos. Es handelt sich um sogenannte Rosaflamingos, die in Europa vor allem in Spanien, Portugal, Griechenland, Südfrankreich und auf Sardinien beheimatet sind. Sie lieben fischarme, salzige und flache Gewässer. Somit bieten die Lagunen an den Küsten ideale Lebensräume. Am besten lassen sich Flamingos im Stagno delle Saline bei Villaputzu, den Stagnos Molentargius und Santa Gilla bei Cagliari und dem Stagno di Cabras bei Oristano beobachten.

Im Stagno delle Saline waten einem die Flamingos fast vor die Füße.

gleichnamigen Strand mit der imposanten beturmten Felsnadel kommen, passieren wir den Stagno delle Saline. Und hier haben wir die Flamingos direkt vor unserer Nase. In Cagliari braucht man ein großes Zoom, um die Vögel heranzuholen. Hier waten sie einem fast vor die Füße.

Muravera und **Villaputzu** liegen im Mündungsbereich des Fiume Flumendosa, des drittlängsten Flusses Sardiniens. 250 Meter hinter dem Bikerhotel

Übernachten

*Das Hotel **Cardedu** in Cardedu, Località Su Scusorgiu ist ganz auf Biker eingestellt und in der Szene bekannt. Neben einem Pool gibt es Garagen für die Maschinen, Waschplatz, eine Schraubeecke und spezielle Angebote für Motorradfahrer; auch Drei- und Vierbett-Zimmer; eigenes Restaurant. Geöffnet April bis Oktober, DZ (incl. Frühstück) 64 bis 239 Euro; Tel.: 0782-769 004, E-Mail: booking@hotelcardedu.com, www.hotelcardedu.com/de.*

Kurz-Check

***Streckenlänge:** ca. 340 km.*
***Charakter:** mittelschwer; die Straßenqualität ist hervorragend, bis auf eine kurze, aber problemlose Erdpiste. Der Verkehr rund um Cagliari erfordert erhöhte Aufmerksamkeit.*
***Highlight:** Die Bergwelt um Jerzu und Ulassai ist die Spektakulärste auf Sardinien. Die Fahrt durch das Quirra-Gebirge gleicht einem Flug über die Insel.*
***Einkehr-Tipp:** Die Pizzeria Gerrei in der Via Umberto I 3 in San Nicolo Gerrei ist eigentlich nur eine unscheinbare Imbissbude, aber dafür absolut authentisch. Giancarlo ist ein lustiger Typ und spricht sogar deutsch, weil er in Deutschland gearbeitet hat. Aber dort war es ihm zu hektisch, also backt er jetzt in seinem Heimatort die leckersten Pizzen; herrlich! Tel.: 320 7751762.*
***Absolutes Muss:** Nirgendwo auf Sardinien kommt man Flamingos so nah wie am Stagno delle Saline.*

Cardedu zweigt ein asphaltierter Feldweg rechts Richtung **Marina di Gairo** ab. Nach Überquerung des Wasserkanals biegen wir gleich wieder links ab und fahren bis zum Ende der Straße, dort rechts ab. Nun sind wir auf einer knapp acht Kilometer langen landschaftlich reizvollen Stichstraße an den Hängen des Monte Ferru und Arista direkt am Meer entlang. Am Ende der Straße steht der bei Bikern beliebte Campingplatz Coccorrocci mit Bungalows, Pool, Shop und Restaurant. Infos unter www.coccorroccicamping.com.

Wieder zurück am Ausgangspunkt, zweigen wir rechts ab und machen einen weiteren Abstecher zum wunderschönen und gepflegten Sandstrand von Museddu. Eine breite Pinienallee trennt die Straße vom Küstensaum.

Zurück zum Startpunkt **Jerzu** biegen wir Richtung Landesinnere ab und freuen uns auf eine finale Kurvenhatz im spektakulärsten Gebirgsteil der Insel.

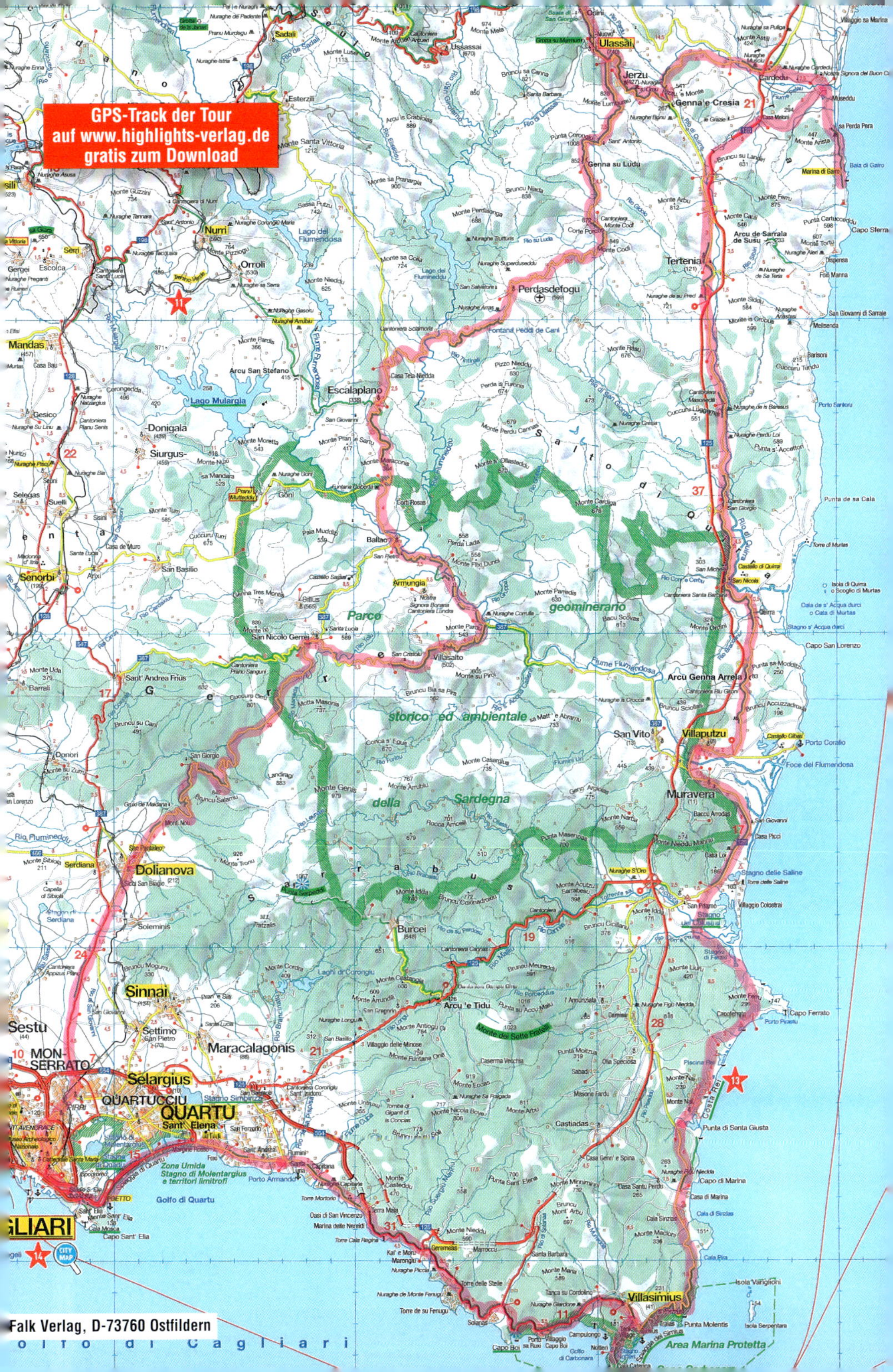

GPS-Track der Tour
auf www.highlights-verlag.de
gratis zum Download
Sadali
Ussassai
Ulassai
Jerzu
Cardedu
Gairo
Genna 'e Cresia
Esterzili
Nurri
Orroli
Tertenia
Perdasdefogu
Mandas
Lago Mulargia
Escalaplano
Donigala
Siurgus
Goni
Ballao
Armungia
Senorbì
San Basilio
San Nicolò Gerrei
Villasalto
Parco
geominerario
storico ed ambientale
della
Sardegna
Arcu Genna Arrela
San Vito
Villaputzu
Muravera
Dolianova
Burcei
Sinnai
Arcu 'e Tidu
Sestu
MONSERRATO
Selargius
QUARTUCCIU
QUARTU
Sant' Elena
Maracalagonis
Golfo di Quartu
GLIARI
Villasimius
Area Marina Protetta
Capo Ferrato
Castiadas
Falk Verlag, D-73760 Ostfildern
olfo di Cagliari

Von Piraten und Vandalen

Cagliari, die Hauptstadt Sardiniens, blickt auf eine bunte und turbulente Geschichte zurück.

Im 8. Jhdt. gründeten Phönizier eine kleine Kolonie, die allerdings erst unter den Karthagern und unter dem Namen Karali als wichtiger Handelshafen Bedeutung erlangte. Im ersten Punischen Krieg kam Caralis 250 v. Chr. unter die Vorherrschaft des Römischen Reichs. Die hielt bis zum Verfall des Weströmischen Reiches um 455 n. Chr. Danach wurde es turbulent: Die Vandalen kamen, Piraten, dann Byzantiner. Pisaner bauten die Festung, Aragonier gründeten die Universität. Sogar Österreich hatte die Finger im Spiel. Schließlich übernahm das Königreich Savoyen-Piemont im Mittelalter die Regierungsgeschicke, seit dieser Zeit ist Sardinien italienisch.

Cagliari liegt direkt am Meer und besitzt einen der bedeutendsten Handelshäfen im Mittelmeerraum. Vor allem die Nähe zum afrikanischen Festland macht den Standort als Warenumschlagplatz attraktiv: Cagliari liegt geographisch näher an Afrika als an Rom. Ungefähr 160.000 Einwohner leben in Cagliari. Das entspricht 10 Prozent der sardischen Gesamtbevölkerung. Über 30.000 Studenten verteilen sich auf sechs Fakultäten der 1620 gegründeten Universität. Mitten in der Stadt erhebt sich ein Felsen, auf dem die Festung errichtet wurde. Von ihr hat man den besten Blick über die Stadt.

Ein guter Ausgangspunkt für eine Stadtbesichtigung ist die Piazza Constituzione, direkt am Fuß der Festungsmauer. Über die geschwungene Treppe der Bastion Saint Remy gelangt man in die Festung. Von der Piazzetta D. H. Lawrence hat man bereits einen guten Überblick über die Stadt und weit aufs Meer. Die Via Universita führt an der Universität vorbei direkt zum 30 m hohen Torre dell'Elefante aus dem Jahr 1307. Gegen drei Euro Eintritt kann er bestiegen werden. Oben befindet sich eine Dachterrasse mit 360°-Rundumblick. Von oben entdeckt man auch die Panorama-Cafés in der Via Santa Croce direkt auf der Stadtmauer und weitere Trattorien entlang der Straße auf dem Weg zur Unterstadt.

Direkt auf der Stadtmauer warten Panorama-Cafés mit tollem Ausblick

Zwischen der Piazza Constituzione und der Piazza Yenne erstreckt sich in der Via Manno die Fußgängerzone mit schönen Geschäften und gemütlichen Kneipen. Das Nachtleben spielt sich vor allem um die Piazza Yenne ab und am dort abgehenden Corso Vittorio Emanuele II. Weiter Richtung Westen, dann über die Via Tigellio nach Norden, erreicht man in der Via Sant'Ignazio den Botanischen Garten und das sehenswerte römische Amphitheater direkt oberhalb. Hier hatten einst 10.000 Besucher Platz. Es ist die größte römische Ausgrabungsstätte Sardiniens. Für weitere Informationen befindet sich die Tourist-Info in der Via Roma am Hafen. In der Via Sardegna warten weitere nette Lokale auf zahlende Gäste.

WINE BAR

Iglesias und die Costa Verde

Erdpisten, Geröllstrecken, Bachfurten und Sandverwehungen – wer auf dieser ganz speziellen Tour auch die Offroad-Einlagen mitnimmt, hat abends beim Essen einiges zu erzählen.

Die Campidano-Ebene und das Iglesiente sind zwei benachbarte Regionen, wie sie unterschiedlicher kaum sein können. Hier eine flache, landwirtschaftlich intensiv genutzte Region mit Nuraghen aus altertümlicher Besiedlung. Dort, getrennt durch das mächtige Linas-Gebirge, die Küste mit ausgeprägter Dünenlandschaft, großer Bergbauvergangenheit, Geisterstädten und Industrieanlagen aus den letzten zweihundert Jahren.

Unweit von Cagliari starten wir im Künstlerstädtchen **San Sperate**. Hier wurden die ersten Murales während der 1960er-Jahre an die Hauswände gepinselt. Ein bekannter Bildhauer namens Pinuccio Sciola hat seinen Heimatort zusätzlich mit Skulpturen beglückt, die sich über die Stadt verteilen. Deshalb nennt sich der Ort auch gerne „Paese Museo“ oder Museumsland. Wir setzen unseren Weg fort in nordöstlicher Richtung nach Monastir. Auf weitgehend gerader Strecke durch die fruchtbare Campidano-Ebene folgen wir erst dem Abzweig nach Villasor und dann dem nach Senorbi. Wir begleiten den Rio Mannu und biegen links ab nach Pimentel. Über Guasila geht es weiter, vorbei an Weide- und Anbauflächen.

Allmählich nähern wir uns der Gesturi-Hochebene, bei **Villanovafranca** erreichen wir die ersten Gebirgsausläufer. Die Landschaft wird nun hügeliger, und die ersten nennenswerten Kurven nehmen wir wohlwollend unter die Räder. Über **Barumini** und **Zuili** kommen wir

Die Costa Verde gehört zu den einsamsten Regionen Sardiniens mit endlosen Stränden, hohen Sanddünen und Geisterstädten.

zur berühmtesten Nuraghe Sardiniens. Nach einem Kilometer haben wir den historischen Gebäudekomplex direkt neben der Straße erreicht. Die ältesten Teile der Anlage sind 3.500 Jahre alt und stammen aus der Bronzezeit. Bis zu ihrer Ausgrabung in den 1950er-Jahren war sie komplett mit Erde bedeckt und ist deshalb die am besten erhaltene Nuraghe Sardiniens. Seit 1997 gehört sie zum Weltkulturerbe der UNESCO.

Wir bleiben auf der SP 5 und fahren bis zu deren Einmündung in die SP 46 hinter **Turri**. Bei **Baressa** erreichen wir das Gebirge des ehemaligen Vulkans Monte Arci, der für seine Obsidian-Funde bekannt ist. Die Landschaft wird nun deutlich hügeliger. Zügig rauschen wir an Obstplantagen, Weinbergen und kleineren Waldabschnitten vorbei. Über **Mogoro** und **Pabillonis** nähern wir uns dem Küstengebirge um den gewaltigen 1.236 Meter hohen Monte Linas.

In **Guspini** müssen wir entscheiden, ob wir uns die Fahrt zur Costa Verde zutrauen. Sie beinhaltet Abschnitte auf sandigen Erdpisten und zwei kleinere Bachdurchfahrten, die nur von geübten Fahrern in Angriff genommen werden sollten. Belohnt wird man allerdings mit einem der abgelegendsten Teile Sardiniens, endlosen Stränden, hohen Sanddünen und Geisterstädten. Wer sich die Fahrt nicht zutraut, kann die landschaftlich ebenfalls reizvolle Strecke nach **Fluminimaggiore** auf der SS 126 auf Asphalt nehmen.

Nachdem beide Varianten etwa auf halber Strecke zwischen Guspini und Fluminimaggiore wieder zusammenge-

Übernachten

*Das Hotel **Le Dune** mit Restaurant liegt völlig einsam am meist menschenleeren feinsandigen Strand von Piscinas. Die Lage ist einmalig und hat deshalb auch ihren Preis. Via Bau 1, Piscinas Di Ingurtosu. Geöffnet von Mitte Mai bis Anfang September, DZ (incl. Frühstück) 325 bis 783 Euro; Juli und August mindestens drei bis fünf Nächte; Tel.: 0707 058 030, E-Mail: info@ledunepiscinas.com, www.ledunepiscinas.com.*

Das Künstlerstädtchen San Sperate, unweit von Cagliari gelegen, gefällt mit seinen Fassadenmalereien und Skulpturen.

Entlang der Costa Verde verläuft eine schmale asphaltierte Straße durch nahezu unbesiedeltes Gelände direkt am Meer entlang.

funden haben, kurven wir durch Wald- und Buschland auf bestem Belag am Monte Linas vorbei, der sich linker Hand imposant am Horizont erhebt. Dann überrascht uns die SS 126 mit einer der schönsten Passabfahrten überhaupt! Die Straße mit perfekten Grip und Rhythmus plus das Panorama über das tiefe Tal des Rio Antas bedeuten Fahrgenuss pur. Am Talgrund biegen wir rechts ab in Richtung **Portixeddu** und folgen dem Rio Mannu bis zum Meer. Freunden der gepflegten Offroad-Piste sei die Abkürzung auf halber Strecke nach links (am blauen Carabinieri-Schild) empfohlen.

In unzähligen Kurven geht es durch die einsame Gebirgslandschaft bis zur Einmündung in die Küstenstraße. Der zwei Kilometer lange, feinkörnige Sandstrand ist auch im Hochsommer nicht überlaufen. Der kräftige Seewind bläst den Sand der Dünen über die Straße.

An der Steilküste und direkt am Meer entlang gelangen wir nach **Buggeru**. Die

Tipp

Nuraghen – Zeugen der Vergangenheit

Nuraghen sind Steintürme und dienten zum Schutz der Dörfer. Sie sind Hinterlassenschaften der gleichnamigen Kultur. Die Nuraghier waren Ureinwohner Sardiniens und lebten dort von ca. 1.500 v. Chr. bis 500 v. Chr. Dann brachten die Punier die Insel unter ihre Kontrolle, und es kam zu ethnischen Verschmelzungen, bei denen die Nuraghenkultur verloren ging. Weitere Nachweise ihrer Kultur sind Gigantengräber, Wasserheiligtümer und kunstvoll hergestellte Keramik- und Bronzefiguren.

ehemalige Bergbausiedlung liegt eingequetscht zwischen bizarren Felstürmen. Dazwischen zeugen Abraumhalden von der harten Vergangenheit. Die Straße führt danach in Serpentinen auf die Hochebene Planu Sartu. Willkommen in den schottischen Highlands! Fehlt nur noch Skyfall und James Bond im Aston Martin. Außer grün bewachsenen Hügeln und einer Highspeed-Strecke gibt es nichts zu sehen. Nach Acquaresi ist **Masua** die nächste stillgelegte Bergbausiedlung. Ein Serpentinen-Sträßchen mit 13 Prozent Gefälle führt in die enge Schlucht und endet an einem Parkplatz oberhalb des kleinen Strandes. Blickfang ist der 132 Meter hohe Pan di Zucchero, der steil aus dem Meer aufragt.

Weiter auf der kurvenreichen Küstenstraße kommen wir nach **Nebida**, ebenfalls ein ehemaliger Minenort. In der Ortsmitte weist ein kleines Schild den

Abraumhalden zeugen von einer harten Vergangenheit

Weg rechts zum Belvedere und endet an einem Parkplatz. Um den Berg herum führt ein 2,8 Kilometer langer Fußweg, der einen exzellenten Blick auf die Steilküste bietet. In Ruhe genießen kann man ihn auch von der Terrasse der Pizzeria Al `906 Operaio.

In den Minerias von Naracauli (links) und Montvecchio (rechts) wurde auch Silber gefördert.

Marina di Arbus liegt an der Costa Verde an einem wunderschönen Sandstrand.

Am kilometerlangen Sandstrand von Fontanamare verlassen wir die Küste und steuern auf den markanten Monte San Giovanni zu. Am Ende der Straße wechseln wir auf die SS 126 in Richtung Cagliari und kommen nach **Iglesias**. Die Stadt macht einen frischen und sympathischen Eindruck. Moderne Bürogebäude stehen im Einklang mit historischen Gemäuern. Große Piazzen mit viel Grün sorgen für Wohlfühl-Atmosphäre. Wir parken an der zentralen Piazza Sella und haben es von dort nicht weit bis zu den beiden Fußgängerzonen in den Via Cagliari und Matteotti. Ebenso kann man von der Piazza über eine Treppe zum Castello Salvaterra hochsteigen und die Aussicht genießen.

Weiter auf der SS 126 nach Norden empfängt uns dichter Wald. Kurvenreich geht die Fahrt am Lago Punta Gennarta vorbei stetig bergauf bis zum Arcu Genna Bogai auf 549 Meter. Auch hinter dem Pass jagt ein Lastwechsel den anderen. In einer scharfen Rechtskurve zweigt eine Straße rechts ab zum römischen Tempel Tempio di Antas aus dem 3. Jahrhundert. Der Asphalt geht nach dem Tempel in eine 17 Kilometer lange Offroad-Piste über. Wem das too much ist, der kann der weiterhin traumhaft schönen SS 126 bis nach Guspini folgen und über die SS 196 nach San Sperate zurückfahren. Wer den Schotter nicht scheut, den erwartet eine tolle Durchquerung des Oridda-Gebirges.

Die schmale Straße zum Tempel führt an einem kleinen Bach entlang. Auf ei-

Tipp

Bergbau

Bereits die Nuraghier, später auch die Phönizier, Römer und Pisaner wussten um die Bodenschätze wie Kohle, Zink, Blei, Silber und Kupfer und begannen, sie systematisch abzubauen. Während der spanischen Herrschaft wurden diese Aktivitäten aus Desinteresse jedoch wieder eingestellt. Erst die Industrielle Revolution im 19. Jhdt. und Mussolini nach dem Zweiten Weltkrieg brachten wieder Schwung in den Erz- und Kohleabbau. Misswirtschaft und Ausbeutung führten jedoch bald wieder zu seinem Niedergang. Viele Zechen mussten geschlossen werden, und nur wenige arbeiten heute noch produktiv. Mit den verfallenen Zeugen dieser Zeit beschäftigen sich mittlerweile kulturelle Institutionen und die UNESCO.

ner eingezäunten Wiese steht die Tempelruine. Einige ihrer Säulen wurden wieder aufgerichtet. Dahinter führt die Erdpiste über Arenas nach Domusnovas. Es geht durch dichten Urwald, an Lichtungen vorbei, über sonnige Höhen, durch tiefe Schluchten, alles in völliger Einsamkeit. Die Abraumhalden gehören zur Bergwerksruine von **Arenas**, ein gespentischer Anblick auf einer wunderschönen Lichtung.

Kurz-Check

Streckenlänge: *ca. 290 km.*
Charakter: *mittelschwer bis schwer; Wer sich auf die komplette Tour einlässt, kann sich auf Erdpisten, Geröllstrecken, Bachfurten und Sandverwehungen freuen. Die Tour lässt sich aber auch über beschriebene Alternativrouten komplett auf Asphalt abfahren.*
Highlight: *Die einsamen Dünenlandschaften der Costa Verde und die spektakuläre Steilküste zwischen Portixeddu und Fontanamare.*
Einkehr-Tipp: *Die Pizzeria Al' 906 Operaio war ursprünglich ein Sprengstoffdepot aus der aktiven Bergbauzeit und thront 150 m über dem Meer mit sensationellem Blick von der Terrasse auf die Steilküste mit dem markanten Pan di Zucchero. Am besten abends zum Sonnenuntergang. (Reservierung empfohlen: Tel.: 338-916 538 8).*
Absolutes Muss: *Im Risto Pub Birroteca in der Partymeile Via Cagliari 101 in Iglesias ein Birramisu (ein Tiramisu mit Bier) probieren und dabei die Atmosphäre der lebendigen Stadt genießen.*

Übernachten

*Das zentral in der Via Trento 10 in einem Hinterhof in Iglesias gelegene **B&B Mare Monti Miniere** bietet neben einer Motorradgarage eine herzliche Gastgeberin, die mit viel Herzlichkeit auf die Wünsche ihrer Gäste eingeht und auch englisch spricht; saubere Zimmer und ein reichhaltiges Frühstück, ganzjährig geöffnet, DZ (incl. Frühstück) 58 - 65 Euro; Tel.: 3483-833 105 85, E-Mail: info@iglesias-bb.it, www.maremontiminiere-bb.it.*

Gleich nachdem wir wieder Asphalt unter die Räder bekommen haben, weist ein verblichenes Schild den Weg zur Grotta di San Giovanni. Sie ist wohl die einzige Tropfsteinhöhle, durch die eine asphaltierte Straße führt. Früher konnte man sie benutzen, heute ist die Durchfahrt gesperrt, weil sich die ganzen Abgase als Ruß in der Höhle abgesetzt hatten. Eindrucksvoll ist der Schlund jedoch allemal, und durchwandern (rund einen Kilometer) ist weiterhin möglich. Über **Domusnovas** gelangen wir zum Südeingang der Höhle (ausgeschildert) und fahren weiter nach **Villamasargia**. Inzwischen sind wir wieder in der Campidano-Ebene angekommen. Das Gelände ist flach, die Straßen sind gerade, um uns herum gibt es nur Felder und Wiesen. In einem Kreisel geht es nach links, und über **Siligus** kommen wir nach einer abwechslungsreichen Tour wieder zurück nach **San Sperate**.

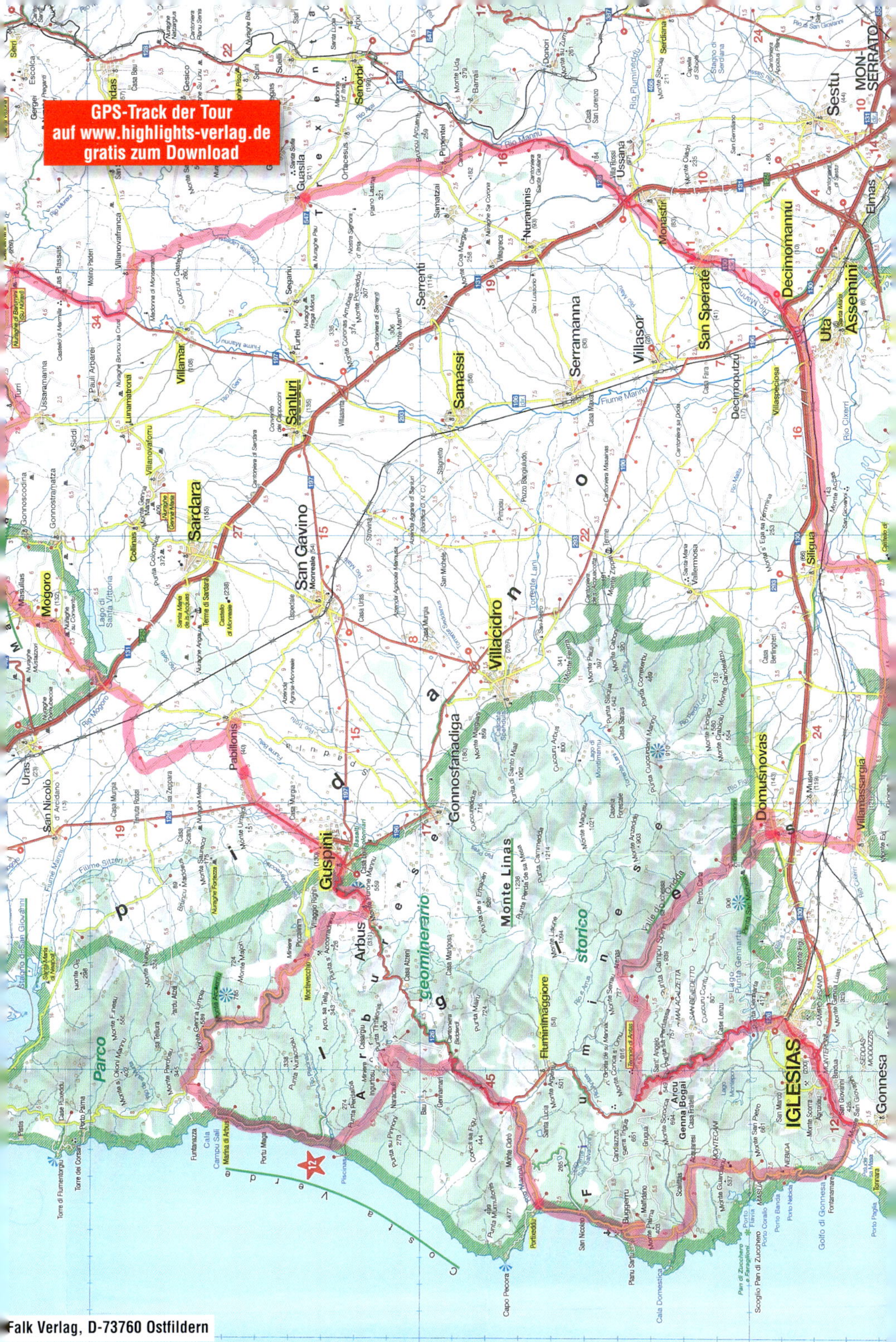

Falk Verlag, D-73760 Ostfildern

Offroadausflug zur Costa Verde

Ab Guspini führt eine mit zwei Wasserdurchfahrten gespickte Offroad-Runde zur Costa Verde.

In Guspini (s. Seite 74) biegen wir rechts ab auf die SP 4. Im unteren Abschnitt ist die Straße flach und folgt dem Rio Montevecchio flussaufwärts. Bald kommen wir an der ersten Industrie-Ruine vorbei. Die Mineria Montevecchio förderte hier über 100 Jahre lang Blei, Zink und Silber. Seit 1991 stehen die Förderbänder still. Seit einigen Jahren gehören die Anlagen zum UNESCO Geopark und werden sukzessive als Museen Besuchern zugänglich gemacht. Wer tiefer in die Berbaugeschichte entauchen möchte – Tickets und Führungen durch das Fabrikgelände gibt es in der ehemaligen Bergarbeitersiedlung in Montevecchio, das wir alsbald erreichen. Bis zur Küste bei Marina di Arbus windet sich das schmale Asphaltband durch menschenleere Buschlandschaft. Marina di Arbus und das sich anschließende Portu Maga sind reizarme Ferienhaussiedlungen, jedoch an wunderschönen Sandstränden. Ansonsten ist die Landschaft unbesiedelt, die Straße verläuft direkt am Meer. An manchen Stellen kommt es zu Sandverwehungen durch die umliegenden Dünen. Im Mündungsbereich des Rio Piscinas verlässt die Straße die Küste und wird zu einer sechs Kilometer langen Erdpiste mit zwei aufeinanderfolgenden Bachfurten, die je nach Wasserpegel unterschiedliche Herausforderungen darstellen. Alles ist eine Frage der Technik: Erfahrene Offroader wissen, dass man nicht zu vorsichtig an die Sache herangehen sollte, sondern schön mit Schmackes am einfachsten durchkommt. Direkt nach der zweiten Bachfurt (eigentlich nur ein Wasserloch) zweigt rechts eine Piste zum Hotel Le Dune ab, das mitten am Sandstrand auf alten Bergbau-Fundamenten aufgebaut wurde.

Am besten kommt man mit ordentlich Schmackes durch die Bachfurten

Wem das Hotel zu teuer ist, der kann sich einen Kilometer weiter auf dem Campingplatz Sciopadroxiu ein B&B-Apartement für 2-4 Personen in einem umgebauten Bergwerkshaus mieten oder sein Zelt im schattigen Eukalyptuswäldchen aufschlagen. Camping von Mitte März bis Oktober, Appartement ganzjährig geöffnet. Weitere Infos unter www.campingsciopadroxiu.com.

Durch das Tal des Rio Naracauli geht es weiter staubig bergauf. An der Ruine der alten Mineralien-Waschanlage Mineria di Naracauli geht die Erdpiste wieder auf Asphalt über. Die Ruine ist ein beliebtes Fotomotiv und wird auch gerne als Kulisse für Hochzeitsfotos genutzt. Oberhalb der Fabrik stehen noch die alten Arbeiter-Unterkünfte. Windungsreich führt uns die Straße steil nach oben zur alten Bergwerks-Siedlung Ingurtosu in ein hübsches Waldgebiet. Im Palazzo della Direzione mit seiner pittoresken Tunneldurchfahrt waren die Verwaltung und das Management untergebracht.

Nicht zu vorsichtig angehen: Die Bachdurchfahrten nimmt man am besten mit ordentlich Schmackes.

Sant' Antioco und der Südwesten

Auf dieser Runde erwartet uns die gesamte Vielfalt des Motorradfahrens: Küstenstraßen und Bergstrecken, asphaltierte und unbefestigte Pisten, Hauptstrecken und Schleichwege.

Sulcis, die Landschaft im äußersten Südwesten hat weit mehr zu bieten als Kohlevorkommen. Abgeschiedene Wälder, traumhafte Sandbuchten, quirlige Städte und antike Ausgrabungen liegen eng beieinander und lassen sich an einem Tag erfahren.

Samstag ist Markttag in **Carbonia**. Wir decken uns ein mit leckerem Käse und frischem Obst und machen uns auf nach Sant'Antioco, die Insel im äußersten Südwesten Sardiniens.

Auf der viel befahrenen Ausfallstraße SS 126 lassen wir Carbonia hinter uns. Bei San Giovanni rechts ab. Das topfebene, Anfang des 20. Jahrhunderts trocken gelegte Sumpfgebiet wird landwirtschaftlich genutzt. Die obligatorischen rosa-weißen Oleanderbüsche begleiten uns auf der Fahrt über den Damm nach **Sant'Antioco**, der bereits zu punischen Zeiten angelegt wurde. Nach der Brücke bleiben wir in Ufernähe und folgen den Ausschilderungen nach Calasetta. Auf der Piazza Sant'Antioco mit hübschem Mosaik-Pflaster und chilligen Cafes direkt vis-à-vis des Jachthafens geht es auch in der Hauptsaison eher beschaulich zu. Durch ein mondänes Wohnviertel folgen wir weiter den Ausschilderungen nach Calasetta. Die SS 126 verläuft geschmeidig swingend durch dic hügelige, dicht bewachsene Landschaft bis nach **Calasetta**. Dort biegen wir rechts ab in Richtung Porto. Die Straße führt direkt am Meer entlang und gewährt freien Blick auf die Küstengebirge des Iglesiente.

Der Grip stimmt, die Kurven und der Rythmus – die Küstenstraße entlang der Costa del Sud erweist sich als Traumstrecke.

Am Fährhafen zur Nachbarinsel San Pietro herrscht rege Betriebsamkeit. Die Insel ist vulkanischen Ursprungs und präsentiert sich landschaftlich ganz anders als Sant'Antioco: Sie ist wesentlich rauer und einsamer als ihre Schwester und bietet Offroadern herrliche Beton- und Erdpisten entlang der felsigen Nord- und Westküste. Auch ein Kurztrip nach **Carloforte** hat seine Reize. An der weitläufigen, hübsch angelegten Uferpromenade und in der Altstadt kommt tiefenentspanntes Urlaubsfeeling auf.

Zurück in Calasetta fahren wir am gut geschützten Jachthafen vorbei und arbeiten uns durch die ebenfalls am Reißbrett entstandene Karree-Stadt mit der großen Piazza Pietro Belly im Zentrum. Auf einem schmalen Sträßchen kommen wir an die Westküste.

Hinter der Spiaggia Grande ändert sich das Landschaftsbild. Ein flaches, macchiabewachsenes Plateau bricht senkrecht zum Meer ab. Der Blick reicht von der Insel San Pietro bis weit über das tiefblaue Meer. Die Landschaft wird allmählich hügeliger, die Büsche höher und die Kurven zahlreicher.

An der hübschen Sandbucht Cala Sapone befindet sich der einzige Campingplatz der Insel. Der saubere und gut ausgestattete Camping Tonnara bietet einen großen Pool, Chalets unterschiedlicher Größe und einen Zeltplatz unter schattigen Pinien an. Weitere Infos unter https://campingtonnara.it.

Wir verlassen die Küste und steuern durch die menschenleere Landschaft auf die Ostküste zu. Offroader finden am Capo Sperone im Süden der Insel weitere Erdpisten direkt an der Küste mit schönen Ausblicken auf die vorgelagerte Isola la Vacca und die Steilküste des Capo Teulada. Nach einer Kuppe kommt der weite Golfo di Palmas ins Blickfeld. Besiedlung und Felderwirtschaft nehmen wieder zu, bis wir über den Damm auf die Hauptinsel zurückfahren.

Nächstes Ziel ist das Centro storico von **Tratalias Vecchia**. Dazu biegen wir bei Is Cardeddas im Kreisel rechts ab, überqueren die SS 195, fahren bis zum Ende der Straße und parken an einem Parkplatz vor der Museumsstadt.

An der Westküste der Insel Sant' Antioco bricht ein Plateau senkrecht ins Meer ab.

Der Markt von Carbonia bietet erstklassige Gelegenheiten, sich vor Beginn der Tagestour mit leckerem Obst und Gemüse einzudecken.

Über Giba und Sant' Anna Arresi nehmen wir Kurs auf die Costa del Sud. Dazu fahren wir auf der SP 74 bis zum Ende und biegen dann links ab in Richtung Giba auf die SS 195. Auf den langen Geraden durch die fruchtbare Campidano-Ebene ist **Giba** bald erreicht. Mitten im Ort biegen wir an der Ampelkreuzung rechts ab Richtung Teulada und bleiben auf der Strada Statale. Hinter **Sant' Anna** wird es einsam. Ein Stacheldrahtzaun zeigt, dass wir uns am Rand eines militärischen Sperrgebiets befinden. Die Landschaft wird hügeliger, wir kommen an den Abzweig zur Strada Costiera, dem wir folgen.

Nach zwei Kilometern folgt ein weiterer Abzweig nach rechts. Er führt zum Torre Budello und zum ehemaligen Campingplatz Portu Tramatzu. Camping ist zwar nicht mehr möglich, aber der wunderschöne Sandstrand mit glasklarem Wasser und Blick auf die pittoreske vorgelagerte Insel Isola Rossa ist weiterhin öffentlich zugänglich.

Tipp

Carbonia – Das Wolfsburg Sardiniens

Carbonia ist eine Retortenstadt, die in den 1930er-Jahren am Reißbrett entstand und als Wohnort für die Arbeiter im damals florierenden Kohlebergbau diente (daher auch der Name). Obwohl die meisten Kohleminen mittlerweile geschlossen sind, ist Carbonia mit 30.000 Einwohnern eine der größten Städte Sardiniens. Sie hat einen schachbrettartigen Grundriss und unterscheidet sich von anderen sardischen Gemeinden durch ihre großzügigen Piazzas, breite Verkehrswege, viele Grünanlagen und moderne Gebäude. Eine Altstadt fehlt.

Nach anfänglich etwas holpriger Piste mausert sich die SP 71 zur absoluten Traumstraße für Biker. Der Grip stimmt, die Kurven, der Rythmus und das Panorama. An der tief eingeschnittenen Bucht von Teulada huschen der Torre Budello und die Isola Rossa an uns vorbei. Hinten am Horizont ist noch das steil abfallende Capo Teulada zu erkennen. Die Motoren heulen vor Begeisterung, ein Lastwechsel jagt den nächsten. Keine Ortschaft stört, die Blicke schweifen weit über das tiefblaue Meer unterhalb der leuchtend grün bewachsenen Steilküste. Zwanzig Kilometer einfach nur zum Genießen.

Dann holt uns bei **Chia** der Tourismus wieder ein. Hier locken mehrere Traum-Sandstrände zahlungskräftige Sonnenhungrige an. Kurz danach mündet die SP 71 in die SS 195. Vorbei an dichten Pinien- und Eukalyptuswäldern reiht sich ein Feriendorf ans nächste. Nach sechs Kilometern auf der SS 195 verlassen wir die Hauptstraße und fahren wieder zur Küste am Green-Campingplatz vorbei (Abzweig Al mare). Das Sträßchen führt direkt am schmalen Küstensaum zwischen Pinienwald und Meer

20 Kilometer Traumstrecke, einfach nur zum Genießen

entlang. Der Parkplatz am Torre die Cala d'Ostia bietet sich für eine Frischluft-Pause an.

Wieder zurück auf der SS 195 nähern wir uns dem Küstenstädtchen Pula. Kurz vorher bietet sich ein weiterer Abstecher zur ältesten Phönizier-Siedlung Sardiniens an. Die 3.000 Jahre alte Stadt am Capo di Pula war einst bedeutender als Cagliari. Zu sehen sind unter anderem ein antikes Theater, in dem heute noch

Im Süden der Insel Sant' Antioco warten abgelegene Asphaltsträßchen und Erdpisten.

Einzigartiger Blick vom Capo Sperone auf die Steilküste des Capo Teulada.

Aufführungen stattfinden. Hierzu biegen wir im Kreisel in Richtung Baia Agunu ab, dann weiter in Richtung Nora bis zum Parkplatz direkt am Felskap und an der Spiaggia di Nora. Auf dem Weg nach Norden fahren wir über **Pula**, ein Städtchen mit niedrigen Häusern und verwinkelten Gässchen. Jeden Dienstag ist auf der Piazetta Wochenmarkt.

Von Pula geht es zurück auf die SS 195 in Richtung Cagliari. Obstplantagen, Eukalyptushaine und die farbigen Oleanderbüsche begleiten uns. Wir nähern uns **Sarroch** oder besser gesagt, dem Industriegebiet von Sarroch. Bereits von weitem sieht man die rauchenden und manchmal brennenden Schornsteine der Saras S. p. A., der größten Raffinerie Sardiniens mit einem Jahresumsatz im zweistelligen Milliardenbereich. Mit ihren unzähligen Schloten und Verrohrungen sieht sie aus wie ein Saurier-Skelett. Am Eindrucksvollsten ist sie nachts, wenn Feuer und tausende von Lichtern einem das Gefühl vermitteln, mitten in einem der ersten Alien-Filme mitzuwirken.

Wenden wir uns lieber wieder der faszinierenden Natur zu. Hierzu biegen wir in einem Kreisel in Richtung Capoterra ins Landesinnere ab. **Capoterra** ist eine lebendige Stadt mit schlechter Beschilderung. Wir fahren zunächst in Richtung Centro und orientieren uns dann an den braunen Schildern zur Kirche Santa Lucia. Hinter dem Ort nimmt der Verkehr merklich ab, und wir swingen uns langsam wieder in Stimmung. Die Natur hat uns wieder. Am Ende der Straße

Tipp

Tratalias Vecchia – vom Wasser zerstört

Um das Jahr 1.000 n. Chr. gegründet, war Tratalias im aragonesisch beherrschten Mittelalter die bedeutendste Stadt im Sulcis. Mit dem Bau des Staudammes Monte Pranu begannen 1954 die Probleme. Das Gebiet wurde vom Wasser unterwandert, sodass es aufgrund der Beschädigungen an den Häusern zur Zwangsumsiedlung der Bevölkerung in das höher gelegene neue Tratalias kam. Bis auf 45 Häuser und die Kirche, die heute als Museumsdorf teilweise von Künstlern genutzt werden, wurde der Rest abgerissen.

biegen wir links ab auf die SP 1 in Richtung Santadi. Nach 1.500 Metern endet der Asphaltbelag, und es geht die nächsten 22 Kilometer auf einer festgefahrenen Erdpiste weiter. Enduristen werden auf der kurvenreichen Strecke durch die Gutturu Mannu-Schlucht ihre Freude haben. Auf 473 Meter wird der höchste Punkt am Arcu su Schlsorgiu überquert. Durch das dicht bewaldete Tal des Rio Mannu kommen wir nach **Pantaleo** und haben danach wieder Asphalt unter den Gummis (wer unbedingt auf Asphalt bleiben möchte, fährt an der Küste weiter bis zum Abzweig nach Assemini und biegt kurz vor der Stadt links ab in Richtung Villamassargia).

Kurz-Check

Streckenlänge: *ca. 280 km.*
Charakter: *mittelschwer; es ist alles dabei von der Küstenstraße über Bergstrecken, asphaltierte und unbefestigte Pisten, Hauptstraßen und Schleichwege.*
Highlight: *Die Küstenstraße SP 71 entlang der Costa del Süd und die SP 85 durch Carbonias Bergwelt halten sich bezüglich Traumstraße die Waage.*
Einkehr-Tipp: *Die Osteria Vineria Cibus in der Via Umberto Primo 24 im abgeschiedenen Santadi hat neben typischen sardischen Gerichten auch eine hübsche Terrasse. (Reservierung empfohlen: Tel.: 349-392 528 9).*
Absolutes Muss: *Sich bei Nacht vor der Saras-Raffinerie bei Sarroch wie in einem Science-Fiction-Film fühlen.*

Übernachten

Recht zentral in Carbonia gibt es neben herzlicher Gastfreundschaft und gutem Frühstück auch abgeschlossene Motorrad-Parkplätze im Hof. ***B&B Paolo e Daniela****, Via Sebastiano Satta 73 in Carbonia, ganzjährig geöffnet, DZ (incl. Frühstück) 70 bis 85 Euro; Tel.: 338-757 240 8. Das ebenfalls sehr empfehlenswerte Ristorante La Lanterna ist direkt zwei Häuser weiter in der Nr. 67 (Reservierung empfohlen: Tel.: 338 -339 622 3).*

Hinter **Santadi** kommen wir auf die SS 293 in Richtung Siligua. Der Staumauer des Lago di Bau Pressius nähern wir uns von unten, beim nächsten See durchqueren wir einen Tunnel. Das Buschland bricht auf und öffnet den Blick zu einem markanten, fast kreisrunden und 150 Meter hohen Vulkankegel. Auf der Spitze steht ein Castello, zu dem man in wenigen Minuten aufsteigen kann. Am folgenden Kreisel biegen wir links ab in Richtung **Villamassargia** auf die SP 2. Nach **Narcao** zieht es uns zum Abschluss der Tour nochmals in die Berge. Wir gehen ins Ideallinientraining über und gewinnen an Höhe. Das feine Sträßchen ist rüde in die Felsen gesprengt, als wolle es keinesfalls den Fahrfluss stören. Die macchiabewachsenen Hänge lassen Fernsichten nach allen Seiten zu. Eine Panoramastraße vom Feinsten. Sie endet bei **Terraseo** und geht in die SP 107 über. Bei **Perdaxius** wechseln wir auf die SP 78, die uns nach Carbonia zurückführt.

Falk Verlag, D-73760 Ostfildern

Allgemeines

Sardinien ist nach Sizilien die zweitgrößte Insel im Mittelmeer. Sie ist 270 km lang und 145 km breit. Auf ihr leben 1,66 Millionen Einwohner. Das entspricht ungefähr der Fläche und Bevölkerungsdichte von Mecklenburg-Vorpommern. Insgesamt beträgt die Küstenlänge des Archipels 1.850 Kilometer. Der höchste Berg ist die Punta la Marmora mit 1.834 Metern im Gennargentu-Massiv. Das zweithöchste Bergmassiv ist der Supramonte. Die längsten Flüsse sind der Tirso mit 150 Kilometern Länge, gefolgt vom Flumendosa und dem Coghinas. Politisch hat Sardinien den Status einer selbstständigen Region Italiens.

Ab 6000 v. Chr. prägte vor allem die Nuraghenkultur das Bild der Insel. Gegen 900 v. Chr. kamen die Phönizier, 238 v. Chr. die Römer. Die blieben bis zum Zusammenbruch ihres Reiches im Jahr 455 n. Chr. Nach einem kurzen Gastspiel der Ostgoten eroberten 753 die Sarazenen Sardinien. Danach herrschten die Staufer und Spanier, die von den Österreichern und Savoyern abgelöst wurden. Seit 1861 gehört Sardinien zu Italien.

Anreise

• Mit dem Flugzeug:

In Kombination mit einem Mietmotorrad ist die Anreise mit dem Flugzeug die schnellste Möglichkeit, auf die Insel zu kommen, jedoch nicht unbedingt die preisgünstigste. Alle gängigen in- und ausländischen Billigflieger, darunter Ryanair, Eurowings, Condor, easyJet und KLM, steuern mittlerweile die Städte Olbia, Alghero und Cagliari an.

Mietmotorräder gibt es ebenfalls in der Nähe der Flughäfen:
www.motorentsardinia.com.
www.autonoleggiosardinya.com.
www.motorcycle-rental-europe.com.

•Mit dem Motorrad:

Wer seine knapp bemessene Urlaubszeit maximal auf Sardinien nutzen möchte, fährt am besten über die Autobahn an.
Anreise aus dem Westen Deutschlands (über die Schweizer Gotthard-Route):
Karlsruhe – Livorno: 870 km (Gebühren für Autobahnen circa 167 Euro (hin und zurück).
Anreise aus dem Osten Deutschlands (über Österreichs Brenner-Route):
München – Livorno: 720 km (Gebühren für Autobahnen und Brenner-Maut circa 119 Euro (hin und zurück).

•Abseits der Hauptrouten:

Anreise aus dem Westen Deutschlands:
- über die Route des Grandes Alpes: circa 1.100 km.
Karlsruhe – Basel – Genf – Annecy – Albertville – Val d'Isère – Col de l'Iseran – Col du Galibier – Col du Lautaret – Col d'Izoard – Col du Vars – Col de la Cayolle – Grasse – Nizza.
- über die Route Napoléon: ca. 920 km.
Karlsruhe – Basel – Genf – Annecy – Grenoble – Col Bayard – Gap – Sisteron – Digne – Grasse – Nizza.
- Anreise aus dem Osten Deutschlands: circa 770 km.
München – Garmisch-Partenkirchen – Scharnitz – Innsbruck – Brenner – Sterzing – Meran – Vöran – Bozen – Kaltern – Trient – Gardone Riviera – Maranello – Luca – Pisa – Livorno.

Fährverbindungen

Mittlerweile gibt es eine Vielzahl an Fährverbindungen von den unterschiedlichsten Häfen des europäischen Festlandes nach Sardinien. Die Preise schwanken sehr stark während der gesamten Saison. Frühbucher- oder Lastminute-Strategien funktionieren nicht mehr. Es bleibt nur, sich immer wieder nach den Preisen zu erkundigen und im richtigen Moment zuzuschlagen.
Fährgesellschaften:
Sardinia Ferries: www.corsica-ferries.de.
Moby Lines: www.mobylines.de.
Corsica Linea: www.corsicalinea.com.
Tirrenia: www.tirrenia.it.
Grandi Navi Veloci: www.gnv.it.
Grimaldi Lines: www.grimaldi-lines.com.
SNAV: www.snav.it.
Abfahrtshäfen Festland: Frankreich (Marseille, Toulon, Nizza), Italien (Genua, Livorno, Piombino, Civitavecchia, Neapel).
Abfahrtshäfen Korsika: Ajaccio, Bonifacio.
Häfen Sardinien: Olbia/Golfo Aranci, Arbatax, Cagliari, Porto Torres, Santa Teresa di Gallura.

Verkehrsbestimmungen Italien

Höchstgeschwindigkeiten:
Autobahnen: 130 km/h (bei Regen/Schnee 110 km/h).
Schnellstraßen: 110 km/h (bei Regen/Schnee 90 km/h).
Außerhalb geschlossener Ortschaften: 90 km/h.
Innerhalb geschlossener Ortschaften: 50 km/h.
Abblend-/Tagfahrlicht: für Motorräder auch tagsüber Pflicht.
Keine Warnwestenpflicht.
Das Mitführen eines Radarwarners (auch Apps) ist verboten.
Helme müssen der ECE-R-22-Norm entsprechen.
Promillegrenze: 0,5 (0,0 für Fahrer unter 21 und Fahrer, die ihren Führerschein weniger als 3 Jahre besitzen)

Landkarte

Empfehlenswert ist die Karte von Marco Polo „Sardinien“ (MAIRDUMONT-Verlag) im Maßstab 1:200.000 für 9,99 Euro (ISBN-10: 3829739877). Diese Karte wurde auch zum Einzeichnen der Routen in diesem Reiseführer verwendet. Dank ihres genauen Maßstabes und ihrer Detailliertheit zeigt sie selbst die kleinsten Pisten und Sträßchen.

Reisezeit und Klima

Der schönste Reisemonat ist der Mai. Die Wiesen sind noch saftig grün, und die ganze Insel blüht. Die Luft ist frisch, aber in den Bergen und zum Baden kann es noch empfindlich kalt sein. Hotels haben in der Regel geöffnet, viele Campingplätze auch. Juli und August sind praktisch regenfrei. Wenn der Scirocco aus dem afrikanischen Süden bläst, kann es im Inland unerträglich heiß werden. Inlandstouren sollten dann aus gesundheitlichen Gründen vermieden werden. Besser an der Küste bleiben. Sommer ist Ferienzeit. Die lokalen Infrastrukturen sind oft überlastet, und es kommt imer wieder zu kilometerlangen Fahrzeugschlangen. Auch an Wochenenden sollten Ballungszentren wie Cagliari und Sassari gemieden werden, wenn die Sarden auf die Piste gehen. September ist von den Temperaturen wieder angenehm, im Wasser kann gebadet werden, aber die Landschaft ist ausgedörrt, und die Stauseen sind halb leer.

Reifen

Eine der Besonderheiten, warum Sardinien gerade bei Motorradfahrern so beliebt ist, sind die Straßenbeläge. Sie bieten oftmals einen extrem guten Grip, der tiefste Schräglagen ermöglicht. Doch das hat seinen Preis, nämlich den zweier neuer Reifen. Die Pneus raspeln sich in ungewohnt rasanter Geschwindigkeit ab. Nicht selten, dass ein Reifensatz keine 2.500 Kilometer auf der Insel durchhält. Dazu kommen An- und Abreise. Wer eine längere Tour auf der Insel plant, sollte unbedingt vorher neue

Gummis aufziehen. Ansonsten bleibt nur der Gang zum freundlichen Reifenhändler vor Ort:

Sasso Gomme, Via Virgilio 114 in Tortoli, Tel.: 0782-623 255, E-Mail: sassogomme@driver.it. Weitere Infos unter www.sassogomme.com.

Tanken

Die Zeiten sind vorbei, wo man seine Tankrationen genau einteilen musste, um nicht irgendwo in den Bergen aus Spritmangel liegen zu bleiben. Das Tankstellennetz ist absolut ausreichend, wenn denn alle Zapfanlagen auch funktionieren würden. Aus Kostengründen gibt es fast nur noch Tankautomaten, die nicht jede EC-Karte akzeptieren. Kreditkarten werden nur mit PIN akzeptiert, wenn nicht gerade defekt. Normalerweise kann man auch mit Bargeld bezahlen, wenn der Einzug funktioniert. Aufgepasst: Grundsätzlich gibt es kein Wechselgeld bei großen Scheinen (der Fünfziger ist dann einfach weg). Deshalb am besten immer kleine Geldscheine mit sich führen sowie eine Kreditkarte mit PIN. Die Startpunkte jeder Tour in diesem Reisebuch beginnen grundsätzlich an einer Tankstelle.

Internet-Adressen

www.bike-and-smile.de/regionen/sardinien. Die Homepage des Autors mit Infos zum Motorradfahren auf Sardinien.
www.sardinienforum.de.
Sehr aktives privates Forum, das keine Frage unbeantwortet lässt.
www.traumziel-sardinien.com.
Privater Online-Reiseführer mit allgemeinen Informationen und guten Tipps.

Essen und Trinken

Nicht nur auf der Landkarte, sondern auch auf der Speisekarte stellt sich schnell heraus, dass Sardinien genau zwischen Italien, Spanien und der afrikanischen Küste liegt. Es gibt deshalb viele Spezialitäten, die mit der uns bekannten italienischen Küche nicht viel gemeinsam haben.
In der Regel stehen an der Küste Fisch, Schalentiere, Krustentiere oder Tintenfisch auf dem Speiseplan. Im Landesinneren dagegen ist Fleisch und Geflügel weit verbreitet. Obst und Gemüse ist auf Sardinien reichhaltig vorhanden.
Antipasti:
Zuppa die Cozze, Miesmuscheln oder Venusmuscheln mit Tomatensoße. Carciofi fritte, frittierte Artischocken. Pomodori arrosti, gegrillte Tomaten. Tonno con cipolle, gekochter Thunfsich mit Zwiebeln.
Primi vom Meer:
Pilau di Calasetta, Languste, Hummer oder andere Krustentierem mit sardischer Hartweizenpasta. Spaghetti alla Arselle, Muschelpasta. Riso/Risotto alla Pescatora, Reis mit Meeresfrüchten.
Primi vom Land:
Fregola con carciofi, Sarden-Pasta mit Artischocken. Pasta cun bagna e petza, Nudeln mit Fleischsoße.
Secondi vom Meer:
Triglie alla Vernaccia, Meerbarben mit Vernaccia-Wein. Spigola con olive, Wolfsbarsch mit Oliven.
Secondi vom Land:
Agnello con finocchietto, Lamm mit Fenchel. Involti di cavola, sardische Kohlrouladen,
Dolci:
Crostata alla marmellata, Mürbteigkuchen mit Marmelade. Fatti fritti, frittierte Krapfen. Pappai biancu, Pudding.
Wein:
Unbedingt probieren sollte man einen Vernaccia di Oristano.
Weitere Inofs unter: www.sardinien-auf-den-tisch.eu.

IMPRESSUM

Motorrad-Reiseführer:
SARDINIEN

erscheint im Highlights-Verlag
Harasim und Schempp GbR
Talsperrenstraße 112
53881 Euskirchen

www.highlights-verlag.de

Herausgeber:
Sylva Harasim und Martin Schempp
in Zusammenarbeit mit RUKKA

Texte: *Christoph Berg*

3. Auflage 2024

ISBN 978-3-933385-86-4

Fotos:
Titel: Bosa
Rückseite: oben li: Castelsardo,
oben re: Bosa, unten li: Bosa,
unten re: Monte Arci,
Fotos: Christoph Berg, Niklas Berg

Karten:
Marco Polo 1:200.000
© Falk Verlag, D-73760 Ostfildern

Gestaltung: *Sylva Harasim*

Druck und Bindung:
Silber Druck oHG, Otto-Hahn-Str. 25, 34253 Lohfelden
